FRÈRE ROGER

WORTE DER VERSÖHNUNG

FRÈRE ROGER
Prior von Taizé

WORTE DER VERSÖHNUNG

HERDER

FREIBURG · BASEL · WIEN

Ausgewählt und zusammengestellt
von der Communauté de Taizé

Vierte Auflage

Umschlagbild: Christus und der heilige Menas,
koptische Ikone aus dem 6. Jahrhundert
(Louvre, Paris; Foto: Slavisches Institut, München)

Herstellung: Freiburger Graphische Betriebe 1980
ISBN 3-451-17189-9

INHALT

EINLEITUNG

Die Worte von Frère Roger, dem Prior der Communauté (Gemeinschaft) von Taizé, sind nur im Zusammenhang mit dem Leben und der Berufung der von ihm vor rund 35 Jahren gegründeten monastischen Gemeinschaft zu verstehen, einem Ort, an dem viele Jugendliche und Erwachsene die ursprüngliche, von keiner Zeit überholbare Frische und Einfachheit des Evangeliums wiederentdeckt haben. Kühnes Abenteuer, das bis heute über 70 katholische und evangelische Männer aus mehr als 15 Ländern zusammengeführt hat. Eine ständig wachsende Anzahl von Menschen aus allen Himmelsrichtungen kommt Jahr für Jahr nach Taizé, in den vergangenen Jahren dabei vor allem Jugendliche, die sich, auf der Suche nach einem glaubwürdigen Leben, vielleicht in besonderer Weise von dem Klima der Offenheit, der Freude und des Festes angezogen fühlen, der Stille, die das gemeinsame Gespräch und das Miteinander-Teilen nicht ausschließt, und dem Gebet, das seinen Platz inmitten der Leiden und der Freude der Menschen unserer Zeit sucht. Die Gegenwart der Jugendlichen führte zum Aufruf zu einem weltweiten Konzil der Jugend, das im August 1974 mit etwa 40000 Teilnehmern aus über 100 Ländern in Taizé eröffnet wurde und seitdem seinen Fortgang im Leben der Völker und Kontinente findet. Sein Hauptanliegen ist die Erneuerung der Kirche im Geist der Seligpreisungen, damit sie ein „Ort sichtbarer Gemeinschaft für die ganze Menschheit" wird.

Gleichzeitig kann aber die Communauté de Taizé nur im Zusammenhang mit der Berufung ihres Priors verstanden werden, eine Berufung, die Frère Roger 1974 anläßlich der Verleihung des Friedenspreises des deutschen Buchhandels in Frankfurt a. M. so formulierte: „Meine Jugend lag in einer Zeit, in der es viele Risse und Auseinandersetzungen unter den Menschen quer durch ganz Europa gab. Damals stellte ich mir unablässig diese Frage: Warum dieses gegenseitige Sich-Bekämpfen unter den Menschen und selbst unter den Christen?

Warum diese Verurteilungen, ohne Einspruch zuzulassen?

Und ich fragte mich: Gibt es auf unserer Erde einen Weg, der so weit führt, alles vom anderen zu verstehen?

Es kam ein Tag, den ich datieren kann, an einem Ort, den ich beschreiben könnte. Ein Tag, es war gedämpftes Abendlicht, die Dämmerung senkte sich über das weite Land, als ich einen Entschluß faßte. Ich sagte mir: Wenn es diesen Weg gibt, beginne bei dir selber und engagiere dich selbst; du selbst, um alles von jedem Menschen zu verstehen.

An diesem Tag hatte ich die Gewißheit, daß dieser Entschluß endgültig sei und bis zum Tod gelten würde.

Danach ging es um nichts Geringeres, als ständig auf diesen Entschluß zurückzugreifen, immer wieder, das ganze Leben hindurch: alles zu verstehen versuchen, verstehen, anstatt verstanden werden zu wollen."

„Alles zu verstehen suchen ..." und gleichzeitig zu versuchen, sich jemals weder mit dem Skandal der Trennung unter den Christen abzufinden noch mit irgendwelchen anderen

Trennungen: zwischen Gott und den Menschen, dem gesellschaftspolitischen Engagement und dem kontemplativen Warten auf Christus, zwischen Jugendlichen und Erwachsenen, Glaubenden und Nichtglaubenden, Ländern der südlichen und der nördlichen Hemisphäre, „Kampf und Kontemplation". Das brennende Verlangen, die jeweiligen Pole, zwischen denen sich unser Leben ständig bewegt, nicht voneinander zu trennen, sondern diese gegeneinanderlaufenden Kräfte für das eigene Leben anzunehmen, läuft wie ein immer wiedererkennbarer Faden durch alle Veröffentlichungen von Frère Roger und ist von sich aus wie ein wegweisendes Programm (wenn solch ein Wort überhaupt etwas beschreiben kann, was von seinem Wesen her provisorisch, schöpferisch und anpassungsfähig ist) für jeden, der die Herausforderungen des durch die Jahrhunderte weitergegebenen Glaubens uneingeschränkt anzunehmen und zu leben sucht in einer Welt, die durch Informationsgefälle, Unterentwicklung und Kommunikationsschwierigkeiten auseinandergerissen ist.

Deutlicher als alle Beschreibungen der Communauté de Taizé und ihres Priors wirft die folgende Auswahl aus Frère Rogers Schriften ein unmittelbares Licht auf die Sinnmitte ihres gemeinsamen Lebens. Buchabschnitte, Tagebuchseiten und Briefauszüge gehen in einer erstaunlichen Vielfalt auf die drängendsten Fragen des Glaubens unserer Zeit ein: Fragen nach dem Geist der Seligpreisungen, dem Leben in Gemeinschaft, Engagement für den Menschen, gesellschaftspolitische Entwicklungen, Einheit und Universalität der Kirche... Dichte, klare Sprache, die nicht allein mit dem Intellekt. sondern nur mit der Gesamtheit der menschlichen Erfahrungen verstanden werden kann und wo oft die Stille zwischen den Zeilen mehr ausdrückt als die Worte selbst. Frère Roger schreibt dazu:

„Beim Schlußpunkt angelangt, fragt man sich: Ist es mir gelungen, das auszudrücken, was ich sagen wollte? Nein. Immer bleibt eine Grenze bestehen, jenseits derer der Mensch mit sich allein ist, im geschriebenen Ausdruck wie in der Spontaneität des gesprochenen Wortes." Aber diese Einsamkeit wird schöpferisch, wenn wir in sie einwilligen, schreibt Frère Roger weiter. Und er selbst hat daraus Ungeahntes geschöpft, das wie Marksteine den Weg der Versöhnung erkennbar werden läßt. Im Gegensatz zu aller passiven Selbstzufriedenheit oder bequemen Isolierung bleibt dieser Weg zwischen Kreuz und Auferstehung eine ständige Einladung für alle, die inmitten der vielen persönlichen und gesellschaftlichen Widersprüche unserer Welt das „Heute Gottes“ zu leben suchen.

I
Das Fest der Seligpreisungen

Wenn das Fest unter den Menschen aufhörte ...

Wenn wir eines Morgens in einer gut organisierten, funktionellen, satten Gesellschaft, die aber bar jeder Spontaneität wäre, erwachten ...

Wenn das Gebet der Christen ganz und gar Sache des Verstandes würde, wenn es so sehr säkularisiert würde, daß es keinen Sinn für das Mysterium, für die Poesie mehr kennen würde, so daß für das Beten des Leibes, für Intuition, für das Gemüt kein Platz mehr vorhanden wäre ...

Wenn das gedrückte Bewußtsein der Christen eine Seligkeit ablehnte, die der anbietet, der auf dem Berg der Seligpreisungen siebenmal sagt: Selig sind ...

Wenn die Menschen der nördlichen Welthälfte erschöpft von all den Anstrengungen die Quelle aus den Augen verlören, aus der sie den Geist des Festes schöpfen, das noch unter den Menschen der südlichen Welthälfte ist ...

Wenn das Fest im Leib Christi, der Kirche, verstummte, wo gäbe es dann noch auf der

Welt einen Ort der Gemeinschaft für alle Menschen? F

Wenn der Mensch auf morgen und übermorgen schaut, verpfändet er das Heute. Vergangenheit und Zukunft entreißen ihn der Gegenwart. Er ist ein Mensch mit gelähmten Gliedern.

Wir brauchen viel Mut, um unseren Weg auf Christus hin aufrecht und nicht gebückt zu gehen. Um neue Frische zu gewinnen, das Heute des Evangeliums zu leben und jeden Morgen den anbrechenden Tag in seiner Unberührtheit entgegenzunehmen. Das Gefühl der Hoffnungslosigkeit kommt nur in dem Menschen auf, der der Einsamkeit mit sich selbst ausgeliefert ist.

Jedem Lebensalter entspricht eine neue Art der Freude. Das vorgerückte Alter erneuert sich von innen her durch eine bleibende Offenheit gegenüber allen Anstößen der Welt und der Kirche: der Welt, die auch Gottes Welt ist; und der Kirche, die der Ort in der

Welt ist, an dem sich die begegnen, die Jesus als Christus bekennen.

Sich dem zuwenden, womit wir in Fülle beschenkt werden. Suchen, was unsere Nacht erhellt – selbst in den Augenblicken tiefster Zerrissenheit. Freude und Staunen angesichts jedes anbrechenden Tages Gottes! EP

Die vollkommene Freude liegt in der Entsagung aus stiller Liebe. Diese Freude braucht dein ganzes Wesen, wenn sie strahlend hervorbrechen soll.

Scheue dich nicht, teilzuhaben an den Prüfungen des anderen. Hab keine Angst vor dem Leiden; denn oft wird gerade in der Tiefe des Abgrunds die Vollendung der Freude in der Gemeinschaft mit Jesus Christus geschenkt.

Die vollkommene Freude verschenkt sich. Wer sie kennt, sucht weder Dank noch Gunst. Sie ist immer neues Staunen angesichts dessen, der ohne Entgelt geistliche und irdische Gaben im Überfluß austeilt. Sie ist Dankbarkeit. Sie ist Danksagung. RT

Unsre christliche Existenz besteht darin, daß wir ständig das Ostergeheimnis leben: ein kleiner Tod nach dem andern, denen die Anfänge einer Auferstehung folgen. Hier liegt der Ursprung des Festes. Von nun an stehen alle Wege offen. Unser Leben geht weiter, und wir nutzen das Gute wie das weniger Gute. Das Fest erscheint wieder sogar in den Augenblicken, in denen wir nicht mehr recht wissen, was uns widerfährt, ja selbst in der härtesten Prüfung des Menschen, wenn eine persönliche Bindung zerbricht. Das Herz ist gebrochen, aber nicht verhärtet; es beginnt wieder zu leben.

F

Wenn du dich selbst entdeckst und von niemandem verstanden wirst, kann es dazu kommen, daß du dich schämst, überhaupt da zu sein, und du dich sogar selbst zerstören möchtest. Manchmal glaubst du dann, ein lebendig Verdammter zu sein. Aber für das Evangelium gibt es weder normal noch anomal. Es gibt den Menschen, der Ebenbild Gottes ist. Wer könnte also verurteilen? Jesus betet in dir. Er bietet die Befreiung der Vergebung jedem an, der mit dem Herzen eines Armen lebt, damit auch er Befreier für die anderen wird. UG

Der Friede Christi weitet sich bis zu den verwundeten Schichten unseres Seins aus, bis zu allem, was auf uns drückt und zerrt, bis zu den Wunden, wo gegeneinanderlaufende Gefühle, Bitterkeit und die Wunschträume unerfüllter Liebe gären.

Der Friede Christi verlangt ein Reifwerden, um Prüfungen und Leiden einschließen zu können. Sie überfluten uns dann nicht mehr, sie werden in unserem Innern zurückgehalten, ihre verborgene Anwesenheit setzt lebendige Kräfte frei.

Es gibt keinen Frieden, wo der Nächste vergessen bleibt. Jeden Tag ergeht die gleiche Frage: Was hast du mit deinem Bruder gemacht? Friede, bei dem keine Kommunikation, keine brüderliche Einheit entsteht, ist Illusion. Friede in einem Menschen führt ihn zu seinem Nächsten. EP

Der Mensch urteilt über den anderen von sich selbst her, aus seinem eigenen Herzen heraus. Doch du, denke ausschließlich an das Beste, das du im Anderen entdeckt hast. Das Wort der Befreiung auf den Lippen, statt den Mund voller Verurteilungen, halte dich nicht damit auf, im Auge deines Bruders den Strohhalm zu suchen.

UG

Der Geist der Barmherzigkeit macht ein Herz aus Stein bereit, sich in ein Herz aus Fleisch verwandeln zu lassen. Er weckt eine starke Liebe, er schließt alle Sentimentalität als Zerrbild echter Empfindsamkeit aus. Er weigert sich, Ereignisse einseitig zu dramatisieren. Er macht bereit, Menschen und Ereignissen in ruhigem Vertrauen entgegenzusehen und anzunehmen, was es auch sein mag.

Unsere Hinwendung gilt also allen Menschen, ohne Ausnahme, weil in jedem Menschen Zeichen Christi, unseres Bruders, erkennbar sind. Den Nächsten lieben wie sich selbst: Es bedarf viel Freundlichkeit sich selbst gegenüber, um die Menschenfreundlichkeit Gottes zu erfassen und um unsererseits den anderen überreiche Freundschaft entgegenzubringen. EP

Wie kommt es, daß so viele Christen zwar behaupten, Gott zu kennen, daß sie dabei aber so leben, als hätten sie ihn nie entdeckt, denn sie kennen ja die Barmherzigkeit nicht. Sie berufen sich wohl auf den Gott Jesu Christi, aber ihr Herz bleibt hart.

Und wie kommt es auf der anderen Seite, daß so viele Nichtglaubende gleich den Zöllnern und Sündern „eher in das Reich Gottes eingehen werden" als wir, daß sie es sind, die uns entgegengehen in der Bereitschaft zum Frieden, die aufgeschlossen sind für die Mitmenschlichkeit, die sich viel mehr für die Herstellung friedlicher Beziehungen unter den Menschen interessieren als viele Christen?

Es gibt ihrer viele, die von sich behaupten, daß sie Christus lieben, die ihn aber in Wirklichkeit gar nicht kennen. Und wiederum gibt es viele, die Christus lieben, obwohl sie behaupten, ihn nicht zu kennen. DV

Angesichts der Spannungen, die das Leben von Christen kennzeichnen, verschanzen sich einige hinter ihrer konservativen Haltung, um sich Privilegien und Sicherheiten zu erhalten. Andere dagegen glauben, daß bestimmte Ausdrucksformen, nur weil sie neu sind, in sich schon eine Befreiung bedeuten. Doch gehören diese Ausdrucksformen nicht ebenfalls zu einem System? Aber entsteht dabei nicht ein sprachlicher Konformismus, der seinerseits auch der Entmythisierung bedarf?

Es gibt nichts Schlimmeres als doktrinär vorgetragene Theorien! Wie bequem ist es, sich in ein System zu flüchten! Wer fest in einem System verfangen ist, besitzt ein untrügliches Merkmal: Er will auch die anderen darin einfangen. Noch meint er, am strömenden Leben teilzuhaben, doch beginnt schon alles zu erstarren. GdF

Unter Christen wie unter Atheisten werden allzu viele lebendige Kräfte damit in Beschlag genommen, im abstrakten Raum Idealgesellschaften zu konstruieren. Am Ende solcher Bemühungen haben wir dann zwar eine Fülle von Ideen, aber es kommt nichts Konkretes dabei heraus für die Menschen. Der Protest selbst wird zu einer Ideologie und hört auf, schöpferische Kritik zu sein.

Mir scheint indessen nichts schlimmer, als in der Rolle eines Ideologen zu leben. Ich möchte mich von Ideologien frei machen und mir den Luxus versagen, Kräfte zu vergeuden, die so wesentlich sind, um die Erde bewohnbar zu machen. F

Abwechslung, Provisorium: beides hat für mich große Bedeutung! Aber ich weiß auch, daß viele dahinter eigentlich ihre Unzufriedenheit verbergen. Für sie scheint es, als hätte der Wechsel an sich schon magische Wirkung. Änderungen schaffen Gefühle, geben Frieden, eine Zeitlang fühlt man sich wie verwandelt.

Aber die Zeit vergeht, und es kommt der Augenblick, in dem sich der Mensch wieder sich selbst gegenübersieht. In seinem Innern ist trotz des Wechsels alles geblieben, wie es war. Und nun wird er erneut unersättlich. Alles um mich herum soll sich ändern, damit ich selber an Ort und Stelle stehenbleiben kann, damit ich nicht den Preis einer Wandlung in mir selbst zu bezahlen brauche. Und der Kreis beginnt von neuem. F

Nur wer Sinn für Kontinuität hat, kann aus der Dynamik des Vorläufigen leben. Enthusiasmus, verstanden als glühender Eifer, ist eine positive Kraft, die jedoch nicht genügt. Sie verzehrt und erschöpft sich, wenn sie ihren Schwung nicht auf eine andere Kraft überträgt, die, tieferliegend und weniger wahrnehmbar, uns dazu führt, unser ganzes Leben lang unterwegs zu sein. Die Kontinuität zu wahren ist unerläßlich; denn unser ganzes Leben ist von Zeiten der Monotonie durchzogen, durchkreuzt von Wüstenstreifen. Die Abwechslung ist eine erfrischende Quelle.

Die Kontinuität, mit der Christus das graue Einerlei unseres Lebens durchzieht, ist die Beharrlichkeit. Sie ist von ihrem Wesen her wie eine Art Richtlinie, an der entlang sich das Leben der Christen aufbaut. Dieser Weg zu Christus bleibt der verwundbarste. EP

Schwierigkeiten, Mißerfolge, Ausweglosigkeit setzen oftmals — obwohl wir es nicht für möglich halten — schöpferische Kräfte in Bewegung. Es kommt dann so weit, daß das Unmögliche den Weg für das Mögliche öffnet. KK

Wir mögen wunderbare Werke vollbringen, zählen werden nur jene, die der barmherzigen Liebe Christi in uns entspringen. Am Abend unseres Lebens wird es die Liebe sein, nach der wir beurteilt werden, die Liebe, die wir allmählich in uns haben wachsen und sich entfalten lassen, in Barmherzigkeit für jeden Menschen in der Kirche und in der Welt.

HG

Es ist unerträglich, von den Tragödien unserer Zeit, den Kriegen, der unwürdigen Behandlung rassischer Minderheiten zu wissen. Vielleicht wird ein Mensch in vorgerücktem Alter, wenn ihn ein langes christliches Leben feinfühlig gemacht hat, sogar noch stärker von solchen Geschehnissen berührt. Das Unerträgliche ist das Elend des Menschen, des Menschen, der in unsern Augen geheiligt ist. Wie kann man die Arme baumeln lassen, wenn man sieht, wie der Mensch Opfer des Menschen wird?

Aber gehen wir in unserm Durst nach größerer Gerechtigkeit auch so weit, auf das Fest in uns zu verzichten, das jedem Menschen gegeben wird? Dann allerdings bliebe uns weiter nichts, als uns unter der Last unserer Hoffnungslosigkeit zu beugen und der gesamten Menschheit unsere Traurigkeit anzubieten.

Sollen wir daran gehindert werden, in den Kampf und Streit für die Gerechtigkeit einzutreten, wenn wir das Fest leben? Im Gegenteil! Das Fest hat nichts mit flüchtiger Euphorie zu tun. Es wird durch Christus in Männern und Frauen lebendig, die die Weltlage in voller Klarheit sehen und fähig sind, die schwersten Geschehnisse auf sich zu nehmen. Aber diese Männer und Frauen wissen, daß auch in ihnen der Drang nach Macht und Unterdrückung wohnt, aus dem jeder Krieg und jede Ungerechtigkeit hervorgeht. Sie wissen, daß der Kampf zuerst in ihnen selbst beginnt, wenn sie nicht, ohne es zu wissen, zu den Unterdrückern gehören wollen.

Dann wird der Kampf selbst zum Fest: ein Fest des Kampfes, damit Christus unsere erste Liebe sei, und Fest des Kampfes mit den niedergetretenen Menschen. F

Nichts ist schlimm, es sei denn, wir verlieren die Liebe.

Die eigene Gemeinschaft mit Gott entdecken ... Gott auch in den Gesichtern der andern Menschen sehen ... und dem entstellten Menschen sein menschliches Gesicht wiedergeben ... Darin ereignet sich ein und derselbe Kampf: der Kampf um die Liebe. Wem könnte der Glaube ohne die Liebe dienen? Was nützt es, wenn wir selbst unseren Leib zum Verbrennen hingeben?

Nein, nichts ist schlimm in unseren Kämpfen, es sei denn, wir verlieren die Liebe.

BT

II
Die Tore, die zu Gott hinführen, tragen den Namen „Lob“

Heute können sich die Christen nicht der Nachhut der Menschheit anschließen. Sie können sich keine nutzlosen Kämpfe leisten, in denen sie sich selbst festfahren.

Wo darum gekämpft wird, den Stimmen der Verborgenen Gehör zu verschaffen und auf die Menschen aufmerksam zu werden, auf die niemand hört, ist der Platz der Christen in den ersten Reihen, im Kampf für die Befreiung aller Menschen.

Ebenso stark erahnen die Christen zur gleichen Zeit, auch wenn sie das Schweigen Gottes umgibt, eine andere wesentliche Wirklichkeit: Der Kampf für die Menschen und an deren Seite findet seine Quellen in einem andern Kampf, der immer stärker in ihrem Innern geschieht, dort, wo kein Mensch dem andern gleicht. Dort, wo wir am Tor zur Kontemplation stehen.

Kampf und Kontemplation: Lassen wir uns so weit führen, bis sich unser ganzes Leben zwischen diese beiden Pole spannt? KK

Das Gebet, in dem wir in die Tiefen Gottes hinabsteigen, ist nicht dazu da, daß wir uns in unserer Haut wohler fühlen. Beten — nicht um irgendeines Gewinnes willen, sondern um als freie Menschen in die lebendige Gemeinschaft mit Christus hineinzufinden.

Wenn der Mensch versucht, diese Gemeinschaft in Worte zu fassen, ist es bewußtes Beten. Aber der Verstand erfaßt nur die Oberfläche der menschlichen Person. Bald kommt er an seine Grenzen, und das Schweigen beherrscht alles — so sehr, daß es wie die Abwesenheit Gottes erscheint.

Um nicht in der Trockenheit des Schweigens steckenzubleiben, sollten wir sehen, daß das Schweigen Wege zu unbekannten schöpferischen Möglichkeiten eröffnet: in der weiten Tiefenschicht der menschlichen Person, im Unterbewußtsein, betet Christus weit mehr, als wir es uns vorstellen können. Verglichen mit der Unermeßlichkeit dieses verborgenen Betens Christi in uns, ist unser artikuliertes Gebet nur ein kleiner Teil.

Das Wesentliche des Gebets vollzieht sich vor allem in einem großen Schweigen . . .

Dem Menschen, der der Einsamkeit ausgeliefert ist, fällt das Beten schwer. Gott hat den Menschen als soziales Wesen geschaffen und ihm eine „politische“ Berufung gegeben. Fällt darum die Kontemplation leichter, wenn sie in Gemeinschaft mit andern geschieht?

Das Schweigen der Kontemplation! In jedem von uns verbergen sich Abgründe, Unbekanntes, Zweifel, wilde Leidenschaft, geheimes Leid . . . aber auch Schuldgefühle, niemals Eingestandenes, so sehr, daß sich uns ungeheure Leeren auftun. Triebe wühlen uns auf, man weiß nicht, woher sie kommen — urväterliche Erinnerungen oder genetische Bestimmtheit? Wenn wir Christus mit kindlichem Vertrauen in uns beten lassen, werden eines Tages die Abgründe bewohnbar sein.

Eines Tages, später einmal, werden wir feststellen, daß sich in uns eine Revolution vollzogen hat.

Dieses Glück freier Menschen ist der Motor in unserm Kampf für alle Menschen, mit allen Menschen. Es bedeutet Mut, Energie, um Wagnisse einzugehen. Überströmende Freude.

KK

Gebet ist zunächst Warten, Erwarten. Es bedeutet, Tag für Tag in sich das „Komm Herr" der Apokalypse aufsteigen lassen. Komm für die Menschen! Komm für uns alle! Komm für mich selbst!

Es ist kein Privileg für einige wenige. Es ist ein Weg, der gangbar ist für die Jüngsten wie für die Ältesten. Es prägt sich aus in einer großen Vielfalt.

In dem Maße, in dem das Gebet Erwartung dessen bleibt, der nicht ich selbst ist, wird es weder zu einer Flucht noch zu einer Selbstprojektion. Es kommt der Augenblick, in dem ich ihm nur noch die Worte sagen kann: Du bist der andere, du bist der, der in sich selbst ist.

Im Angesicht dieses anderen werden unsere Absichten eindeutiger, und unser Herz gewinnt Klarheit und Durchsichtigkeit. Christus, der in sich selbst ist, ist gegenwärtig — wer könnte sich seinem Anruf entziehen?

F

Da die Kontemplation des Gottes Jesu Christi den Menschen in seiner Ganzheit anfordert, kann sie gar nicht zum Quietismus führen. Im Gegenteil, sie drängt zur kühnen Tat, sie läßt keine Lauheit zu. Unausweichlich treibt sie uns vorwärts. Wer läuft, muß den Weg sehen, wenigstens ein kleines Stück weit. Wer aber durch die Schau Christi vorwärts getrieben wird, der weiß, wohin er läuft. Unser Lauf hängt von zwei ineinandergreifenden Voraussetzungen ab, die wir unablässig neu verwirklichen müssen: wir müssen „vergessen, was hinter uns liegt" — Fortschritt oder Rückschritt — und „den Blick fest auf den gerichtet halten, der unseren Glauben lenkt".

Die ganze Umwandlung unseres Wesens hängt davon ab, daß wir unsern Blick auf den unsichtbaren Christus gerichtet halten. Vielleicht vollzieht sich unsere Verwandlung, ohne daß wir es wahrnehmen — das ist sogar besser. Für uns genügt es zu wissen, daß das Samenkorn Tag und Nacht keimt und wächst, auch wenn wir nicht wissen, wie das geschieht.

Wir sollen also laufen, das ist das Tempo

des Handelns. Und während wir laufen, sollen wir den Blick auf den Gott der Propheten und Jesu Christi heften in Erwartung des Tages, an dem Christus seinen Blick auf uns richten wird. Nur wer ihm begegnet ist, wird fähig zu einer überströmenden, barmherzigen Nächstenliebe. Selig die Demütigen, die lauteren Herzens sind, denn sie schauen Gott! HG

Kontemplation wird zuweilen ganz negativ definiert als das Gegenteil von Aktion. Demnach wäre sie ein Luxus von Christen, die nicht bereit sind, ihren Glauben unter ihren Mitmenschen in die Tat umzusetzen. Diese Auffassung wird aber von den Tatsachen widerlegt. Es gab Christen, die sich ganz stark im Leben der Menschen engagierten, die von Aktivität gleichsam sprühten und doch gleichzeitig die Beschauung in ihrer Fülle kannten. Die heilige Teresa von Ávila tätigte Käufe, führte geschäftliche Verhandlungen, schrieb Bücher und lebte dennoch in der Tiefe ihres Seins in einer innigen Freundschaftsbeziehung mit Gott. Nicht von ungefähr ist diese Frau zum klassischen Typ des kontemplativen Menschen geworden. HG

Eines ist gewiß: Jeder Umgang mit Gott führt zum Nächsten. Das Zeichen für die Echtheit jedes inneren Lebens, d. h. jeder Beziehung zu Jesus Christus, ist die Entdeckung des Nächsten. Und wenn der Nächste aus unserer Zwiesprache mit Christus verschwindet, dann hat unsere Gottesliebe nicht den Christus des Evangeliums zum Inhalt, sondern eine mythische Gottheit, die mit unserer Menschheit nichts zu tun hat. Die Seele des Menschen, der ohne Gott lebt, wird von der Liebe verzehrt; die des Christen erstickt, wenn die Liebe zu Gott die Liebe zum Nächsten nicht einschließt. HG

Die Kontemplation bleibt ein Weg, der jedem Christen offensteht. Freilich sind die Menschen selten, die wirklich nach Gebet dürsten. Das ist der Grund, warum so viele Gläubige vor den Schwierigkeiten des Gesprächs mit Gott zurückschrecken. Bei manchen vergehen Monate, ja Jahre, ohne daß sie den Kontakt mit Gott im Gebet wiederfinden können. Ist es richtig, dann gleich von Trockenheit, von der Nacht des Geistes zu sprechen? Gewiß nicht, denn gerade darin kann eine Einladung zur Kontemplation liegen. Nach und nach stellt sich in uns eine Stille her, in der sich die Werte dieser Welt relativieren. Eines allein wird notwendig. Und selbst dann kann die Schwierigkeit, im Gebet Worte zu finden, einen Anruf bedeuten zu einer von allen Äußerlichkeiten entkleideten Gemeinschaft mit Christus. HG

Der Glaube ist bereit zu glauben, ohne zu sehen. Er fürchtet weder die Nacht noch die dunklen Bereiche unserer Persönlichkeit. Er ist Gewißheit. Er befähigt uns, auch im Finstern weiterzugehen.

Das Gebet kann in einem gewissen Sinn

als ein Schritt vom Zweifel zum Glauben bezeichnet werden, als eine schöpferische Erwartung, in jedem Ereignis jetzt und hier die schöpferische Tat Gottes zu erkennen. Es ist tief innerliches Staunen und Dankbarkeit für das Geschenk des Lebens. GdF

Christus in die entferntesten Tiefen unseres Inneren hinabsteigen lassen, in jene Bereiche unseres Menschseins, die noch unbewohnt sind und die sich weigern oder die außerstande sind, Christus anzugehören.

Er wird die Regionen des Verstandes und die des Gemüts durchdringen, er wird unser Fleisch treffen bis ins Herz, so daß auch wir eines Tages erbarmungsvolle Herzen haben werden.

Niemand kann sagen „ich glaube“, ohne sogleich hinzuzufügen „hilf meinem Unglauben“. Langsam jedoch werden sich die widerspenstigen Zonen, die ausgedörrten, aber immer nach Wasser lechzenden Böden erhellen, Licht erhalten durch die Gewißheit einer

Anwesenheit, nämlich der des Auferstandenen.

Vor Gott aushalten überschreitet nicht unser menschliches Maß. Die objektive Gegenwart Gottes ist nicht an das Empfindungsvermögen gebunden. Er bleibt anwesend in den Zeiten, wo der glühende Eifer nachläßt und die spürbare Resonanz Christi in uns verschwimmt.

Die Freundschaft Gottes, sein Wohlwollen stärken uns immer wieder, immer von neuem. So kommt der Augenblick, wo in uns die Gewißheit einer Anwesenheit die Oberhand erhält.

EP

Die innere Stille erfordert zunächst, daß man sich von sich selbst losgesagt hat, um die wirren Stimmen zu beruhigen und des Druckes der Sorgen Herr zu werden — in dem steten Neuanfang eines Menschen, der niemals entmutigt ist, weil ihm immer vergeben wird. Sie macht unser Gespräch mit Jesus Christus möglich.

RT

Wieder einmal fragt mich ein junger Mensch, was das Gebet für ihn bedeuten könne. Ich erkläre ihm zunächst: „Suchen Sie keine Antwort, die Ihr Menschsein überspringt. Ich meinerseits wüßte nicht, wie ich beten sollte ohne Einbeziehung des Leibes. Ich bin kein Engel und beklage mich darüber auch nicht. Es gibt Perioden, in denen ich den Eindruck habe, als betete ich mehr mit dem Leib als mit dem Geist. Ein Gebet auf dem bloßen Boden: niederknien, sich niederwerfen, den Ort betrachten, wo die Eucharistie gefeiert wird, die beruhigende Stille ausnutzen und selbst die Geräusche, die aus dem Dorf heraufdringen. Der Leib ist da, ganz gegenwärtig, um zu lauschen, zu begreifen, zu lieben. Wie lächerlich, nicht mit ihm rechnen zu wollen!"

F

Das innere Leben muß die ganze Person, Geist, Seele und Leib, durchdringen. Es genügt nicht, daß wir unser Augenmerk entweder nur auf unser Denken oder nur auf unsern Leib richten. Zwischen dem Physischen und dem Psychischen besteht eine so enge Verbindung und Wechselwirkung, daß Unordnung in einem Sektor notwendig auf den andern übergreift.

Geist und Leib sind eins. Beides muß für das Wirken Gottes offen, verfügbar sein. Das ist die Grundlage für den ganzen inneren Kampf. Sein Ziel ist es, das Geschöpf in einer dauernden Verbindung mit dem Schöpfer zu halten. Sein einziger Zweck besteht in der Vereinigung der ganzen Person mit Jesus Christus. HG

Wie oft höre ich sagen: „In mir spüre ich nichts, was von Gott kommt. In mir ist alles leer. Ist mein Gebet etwa nur ein Spiegelbild meiner selbst?"

Wenn sich jemand so ausspricht, weiß er vielleicht eines nicht: Die Scheidungslinie zwischen Zweifel und Glaube, zwischen Leere und Erfüllung verläuft unscharf, ebenso unscharf wie zwischen Angst und Liebe.

Doch der Auferstandene ergreift uns. Leuchtend geht die Liebe Gottes durch uns hindurch. Sie durchquert wie ein Wetterleuchten die Nacht jedes menschlichen Wesens. Können unsere Augen das sehen?

Er ergreift uns. Er belädt sich mit allem, wodurch Menschen entstellt sind. Er nimmt alles auf sich. Das ist seine verborgene Wirklichkeit: alles auf sich nehmen, was unerträglich ist, den Platz des Menschen annehmen, der am weitesten von ihm entfernt ist, ohne zu fürchten, sein Gesicht zu verlieren.

Lassen wir uns von ihm ergreifen, dann sind wir schon auf dem Weg. Und der Auferstandene, der lebt, geht uns voraus.

Erst hinterher, manchmal lange Zeit danach, wird uns klar: Er kam vorüber, er hat uns ergriffen. Sein überströmendes Leben gilt uns. BT

Das Wesentliche bleibt deinen eigenen Augen verborgen. Aber das brennende Verlangen nach der einzigen Wirklichkeit wird dadurch noch mehr entfacht. Erst dann wird es allmählich möglich sein, die Tiefe und Weite einer Liebe zu erahnen, die jedes Verstehen übersteigt. Dort gelangst du an das Tor zur Kontemplation. Dort schöpfst du die Energien, wieder neu zu beginnen, alles für das Ganze zu riskieren. UG

Der Lobpreis Christi, wie er im Gottesdienst zum Ausdruck kommt, ist in dem Maße wirksam, als er sich auch in den bescheidensten Arbeiten fortsetzt. In der Regelmäßigkeit des gemeinsamen Gebets keimt die Liebe Jesu in uns, wir wissen selbst nicht, wie. RT

Die Tore, die zu Gott hinführen, tragen den Namen „Lob".

Angesichts der Erschütterungen in der Gesellschaft, in der Kirche und in uns allen, liegen zwei Wege vor uns:

Entweder verwandeln sich Leiden und Angst in Bitterkeit, in Selbstmitleid. Wir können uns dann nicht mehr von der Stelle bewegen, und alles ist verloren.

Oder Leiden und Traurigkeit gehen über in das Lob einer Liebe, der Liebe dessen, der uns zuerst geliebt hat.

Und das Lob Christi bringt Unerwartetes mit sich: es bricht uns Bahn, es entreißt uns der Passivität, so daß wir allen Geschehnissen gerade ins Gesicht schauen können. BT

III
Christus für die Menschen leben

Im gegenwärtigen Zeitabschnitt der Menschheitsgeschichte, in der niemand geschützt ist, in der alles durch Bilder, Theorien, audiovisuelle Kommunikationsmittel auf jeden Menschen eindringt, wird die Entscheidung zwischen Mittelmäßigkeit und Heiligkeit eindeutiger. Die Lauen schließen sich von selbst aus, sie sind unfähig durchzuhalten, um ihre Umwelt von innen her neu zu beleben.

Aus der Tiefe des menschlichen Leidens steigt ein Hilferuf auf. In unserem täglichen Leben und in unserer Arbeit sind wir gewöhnliche Wesen, das Außergewöhnliche bleibt verborgen. Die Welt braucht Menschen, die außergewöhnlich sind, und zwar nicht so sehr durch ihre natürlichen Qualitäten als durch die Hellhörigkeit ihrer Liebe. EP

Der Christ darf sich nicht weigern, inmitten der Spannungen dieser Welt zu leben, aber ebensowenig darf er sich von den Leidenschaften gefangennehmen lassen, die durch diese Spannungen entfacht werden. Mehr denn je muß er ein Mensch des Friedens sein, sonst kann er nicht im vollen Sinne „in der Welt, aber nicht von der Welt" sein. Er muß sein eigenes Herz in Gott befrieden, dann kann er den andern Menschen helfen, sich von der Angst als der Ursache von Haß und Kriegen zu befreien. HG

Heute, wo so viele Menschen dem christlichen Glauben entfremdet sind, muß sich der Christ Gewalt antun, um dem Nächsten entgegenzugehen und ihn dort zu erkennen, wo er ist, in der Welt. Mehr denn je müssen wir uns heute über die sozialen, politischen und wirtschaftlichen Gegebenheiten informieren. Wir müssen die Welt kennen, über die Christus heute der Herr ist, in der jedoch die Menschen seine Herrschaft nicht anerkennen. Die Welt kennenlernen, setzt aber voraus, daß man sich ohne Voreingenommenheit und Befangenheit in den eigenen Interessen informieren läßt. Der Christ muß mehr als jeder andere fähig sein, vorurteilslos an die Dinge heranzugehen, die Situationen zu „entleidenschaftlichen". Er darf nicht länger der Mensch der kategorischen Urteile und einseitigen Stellungnahmen sein. HG

Die untragbaren Privilegien eines Teils der Menschheit rütteln gerade die Aufgeschlossensten unter den Jugendlichen wach. Viele auf der südlichen Halbkugel haben ein äußerst geschärftes Bewußtsein und stehen der nördlichen Halbkugel in harter Ablehnung gegenüber. Anderseits werden die Söhne auf der nördlichen Halbkugel um so gereizter, je mehr Wohlstand ihnen ihre Väter bieten, sie treten auf der Stelle und verlieren die Nerven.

Wir sind wie von eisernen Reifen umschlossen. Die zunehmende materielle Sicherheit beschleunigt diese Selbstabkapselung der Konsumgesellschaft auf der nördlichen Halbkugel, die Tag um Tag reicher wird. Wir gehen einer immer krasser werdenden Unausgeglichenheit entgegen: Die Kontinente des Nordens sind von materiellem Reichtum überschwemmt und bringen ein wirtschaftliches und kulturelles System hervor, das die südlichen Kontinente in einem Zustand der Abhängigkeit hält.

Wenn man in der heutigen Zeit ein Engagement für die Menschen ablehnt, um einzig ein vertrautes Verhältnis zu Christus zu pflegen, führt das zu einer Art Pietismus, einer falschen Innerlichkeit.

Wie kann man sagen „Herr, Herr!", ohne den Willen Gottes zu tun? Gottes Wille ist das Engagement für die Menschen, die Opfer des Menschen sind.

Wenn aber manche Christen als Reaktion gegen den Pietismus oder gegen das Schweigen der Kirche extremste politische Stellungen beziehen und ihre Positionen bloß nachträglich mit dem Namen Jesu zieren, so nehmen sie damit letztlich Christus für ihre Zwecke in Beschlag. KK

Der Christ dürfte nicht den Karren vor die Ochsen spannen. Wie kann man im Kampf an der Seite der unterdrückten Menschen sein ganzes Leben einsetzen und das Risiko eingehen, es um der Liebe willen zu verlieren, wenn man nicht unaufhörlich aus den christlichen Quellen schöpft und trinkt? Nur so kommt die Schöpferkraft Gottes im Menschen zur Wirkung. Wenn er sich auf ein inneres Abenteuer mit dem Auferstandenen einläßt, Schritt für Schritt, in einem brennenden Kampf für die Gerechtigkeit, dann nimmt er teil am Marsch des Menschen und der Menschheit, die als Ziel die Befreiung von der Unterdrückung hat. KK

Die lange Geschichte der Christenheit ist durch das Erbe inkonsequenten Verhaltens belastet. Weit davon entfernt, die „Sozialisierung", die in der Urkirche verwirklicht wurde, weiter zu praktizieren, sind die Christen dazu übergegangen, ihren Besitz zu kapitalisieren. Vom 16. Jahrhundert an haben sie den Geldverleih gegen Zinsen toleriert, was vorher verboten war. Alle, die sich im Mittelalter dabei schuldig machten, wurden exkommuniziert.

Dann haben die Christen eine Gesellschaftsordnung gutgeheißen, in der der Gewinn der Arbeit nicht auf alle verteilt wird, vielmehr einer Minderheit vorbehalten bleibt.

War es wirklich notwendig, daß das Volk Gottes den Stachel des Marxismus in seinem Fleisch zu spüren bekam, um aus seiner Schläfrigkeit aufgerüttelt zu werden, um zu einer Gemeinschaft von Menschen zu werden, die untereinander teilen und mit den Unterdrückten solidarisch sind?

Suchen wir mit vollem Einsatz diesem inkonsequenten Verhalten ein Ende zu machen! Das bedeutet allerdings nicht, sich zu distanzieren und kleine Sonderkirchen der „Reinen" zu bilden, um von hoher puritanischer Warte aus unumstößliche Urteile zu fällen. Sobald sich ein Mensch distanziert und von außen urteilt, büßt er seine kreativen Kräfte ein und verliert etwas von seiner Menschlichkeit. Wer dagegen versucht, Christus nachzufolgen, muß wesentlich menschlich sein. KK

Sollte ein Christ Angst haben, sich die Hände zu beschmutzen, wenn er am menschlichen Fortschritt und an der Herstellung des Friedens auf der Erde mitarbeitet? Das ist das Erschrekkende am Pietismus, daß er jede Betätigung in den Wissenschaften, der Wirtschaft und der Politik untersagt.

In den kommenden Jahren wird man den echten Christen unter anderem an seiner Fähigkeit erkennen, eine neue Art zwischenmenschlicher Beziehungen zu entwickeln. Sein politischer Einsatz im weitesten Sinne des Wortes wird nicht im parteiischen Krieg bestehen, der den Horizont einengt und bei dem jeder Gefahr läuft, den Interessen eines Klans zu dienen, sondern im Aufbau einer menschlichen Gesellschaft.

Wir alle sind zu gemeinsamem Handeln aufgerufen. Das darf sich nicht nur auf eine begrenzte Umwelt, auf eine örtliche oder auch nationale Gemeinschaft beziehen. Wenn der Christ sich erneut die Bedürfnisse aller Menschen auf Erden bewußt macht, dann wird er sich mehr und mehr gedrängt fühlen, sein Wirken in den Dienst der gesamten Menschheit zu stellen. Darin besteht unsere Berufung zur Katholizität, zur Universalität. GdF

Wenn die Christen beweisen wollen, daß sie die Absicht haben, eine alle Menschen umfassende Gemeinschaft herzustellen, dann muß ihr erster Schritt darin bestehen, daß sie sich für eine gerechte Verteilung der Güter dieser Erde einsetzen, denn es ist eine Tatsache, daß heute gerade die Länder, in denen die Christen vorherrschen, über ungeheure Reichtümer verfügen, während gleichzeitig in den nichtchristlichen Ländern ein akuter Mangel an materiellen Gütern besteht. So war nach einer Schätzung der Lebensstandard in den Vereinigten Staaten um die Mitte unseres Jahrhunderts 35mal so hoch wie in Indien. Die Antwort, die man auf diese ungeheure Frage geben wird, könnte sehr wohl entscheidend sein für die Zukunft des Christentums.

HG

Was vermögen die Christen zur Entwicklung beizutragen? Sie können vor allem den Menschen, zuerst den Christen, die Ungerechtigkeit und Ungleichheit in der Besitzverteilung bewußtmachen. Sie können, eine Generation nach der anderen, gelegen oder ungelegen, das verhärtete Gewissen der Gesellschaft wachrütteln.

Wir wissen, daß unser Handeln symbolisch bleibt. Allein die Staaten verfügen über ausreichende Mittel und Möglichkeiten, die Situation zu ändern. Wenn heute die Staaten darin versagen, dann ist es an uns, provisorisch Ersatz zu schaffen. F

Die schöpferischen und künstlerischen Fähigkeiten der Völker der südlichen Halbkugel verkörpern ein mächtiges Wirkungspotential. Sie können für die nördlichen Zivilisationen eine Hilfe in ihrer intellektuellen Abzehrung sein. Jede Absonderung von Süd und Nord führt zum langsamen Tod der Menschheit. Mit der gegenseitigen Ergänzung der Kulturen steht und fällt unser aller Zukunft. Der Austausch, der sich zwischen den intuitiven Gaben der einen und der analytischen Fähigkeit der andern vollziehen wird, besitzt schöpferische Kraft.

Werden die Menschen des Westens, denen es so schwerfällt, sich auf eine echte menschliche Gemeinschaft einzulassen, es verstehen, diese ihre Schwierigkeiten dadurch zu kompensieren, daß sie sich der vielfältigen Spontaneität vornehmlich der Schwarzen aufschließen? Wird unser durch eine Überflußzivilisation verstärkter Individualismus durch den Kontakt mit den Nationen des Südens die Fähigkeit zum Miteinanderteilen entwickeln? GdF

Wir sind von der Konsumgesellschaft nervlich überfordert. Sollen wir deshalb Reaktionäre werden und den technischen Fortschritt verachten? Die technische Zivilisation ist im Grunde nicht schlecht, wertmäßig ist sie neutral. Alles liegt daran, wie man sie gebraucht. Sie kann für die Menschen zum Motor der

Befreiung werden und Mittel bieten, nicht mehr der Gewalt der Natur, der Überschwemmungen, der Seuchen unterworfen zu sein ... Sie macht eine nie gekannte Entwicklung in der Landwirtschaft und Medizin möglich ...

Jede Zivilisation trägt auch Gefahren in sich. Aber welcher Art die Zivilisationen auch sind, Christus ist da, ist den Menschen nah, auch dem heutigen Menschen, der versucht, mit Hilfe neuer wissenschaftlicher Erkenntnisse in einem Teil der Schöpfung die Harmonie wiederherzustellen. KK

Jeder Mensch, mag er Christ sein oder nicht, neigt zur Gewalt. Lediglich der Gebrauch, den er davon macht, ist verschieden.

Bei den Christen trifft man auf zwei einander widersprechende Verhaltensweisen:

Die einen verdrängen die Gewalt. Sie verwandelt sich in engelhafte Sanftmut. Daraus ergibt sich pietistische Passivität, und es fehlt am Engagement für die, die Unrecht leiden.

Beten allein genügt. Alles übrige könnte die Hände schmutzig machen.

Ganz im Gegensatz dazu stimmen andere Christen für zerstörerische Gewalt, sogar für Waffengewalt, wenn sie nur etwas bewirkt. Sie sehen keinen anderen Ausweg mehr, ihren Widerstand gegen die Unterdrückung der Armen durch die Mächtigen hinauszuschreien, vor allem wenn diese selbst sich versteckter Gewalt bedienen.

Gibt es einen dritten Weg zwischen Passivität und zerstörerischer Gewalt? Hat nicht Christus selbst gesagt, daß nur die Gewalttätigen sich des Reiches Gottes bemächtigen? Das Evangelium speit die Lauen aus, nur die, die heißen Herzens sind, finden Einlaß!

Jeder muß den Weg für sich selbst entdecken. Die Gewalt um Christi willen richtet sich nach dem Alter und den Lebensumständen jedes einzelnen. Der genaue Weg läßt sich nicht im voraus festlegen. GdF

Die Gewalt der Friedfertigen! Sie ist schöpferisch. Sie verwandelt den Menschen. Sie stellt eine Herausforderung dar und zwingt dadurch zur Stellungnahme. Sie besitzt die Kraft, sich mitzuteilen.

Sie ist wie die lebendige Gewissensverweigerung gegen ein träge gewordenes Christentum, das sich mit Haß oder Ungerechtigkeit abfindet.

Welch eine Herausforderung verkörpert ein Christ, der inmitten der Welt der Ungerechtigkeit, der Rassenkämpfe, des Hungers zu einer lebendigen Hoffnung wird! Entleert von allem Haß wirkt seine Gegenwart aufbauend, schöpferisch. Es handelt sich um eine Herausforderung brennender Liebe, um eine Gewalt, die bewohnt ist. Ein Mensch, der diesen Brand in sich trägt, entzündet ein Feuer auf der Erde.

GdF

IV
„Habe die Leidenschaft für die Einheit des Leibes Christi“

Ist dieses unser sogenanntes „Jahrhundert des Ökumenismus" wahrhaftig das Jahrhundert der Gemeinschaft?

Überall treten in diesen Jahren Risse, Gegensätze, neue Spaltungen auf: Spaltungen der Erde in eine von Ideen übersättigte nördliche Hemisphäre mit ihren Überflußgesellschaften und in eine immer tiefer in die Armut absinkende südliche Hemisphäre mit ihren weiten, spannungsgeladenen Gebieten, die nicht Nebenprodukt des Westens sein wollen; Spaltung in der Theologie; Spaltung zwischen den Generationen.

Warum gibt es keinen Frieden im Volk Gottes?

Der Frieden geht verloren, wenn man instinktiv die alten und neuen Gegensätze unter den Christen mit den Fehlern der andern in Zusammenhang bringt. Das macht unfähig, auf den andern zuzugehen und ihm zu sagen:

Ich wollte im Volk Gottes auf eine reinere, kompromißlosere, von der Bürde der Jahre und der Last der Jahrhunderte freiere Weise bauen, aber es ist mir nicht gelungen, weil ich es ohne dich unternommen habe. Was meine Gemeinschaft, wie ich glaubte, an Reinheit gewonnen hat, das hat sie an Ausstrahlung auf die Gemeinschaft aller Menschen verloren.

Wie können wir uns bewußt werden, daß für alle Spaltungen immer beide Seiten verantwortlich sind, genauso wie für jede Scheidung?

GdF

Die kommenden Generationen werden den Widerspruch der Aufspaltung der Christen in verschiedene Konfessionen immer weniger ertragen. Sie werden nicht mehr dulden, daß soviel Kraft für die Verteidigung konfessioneller Positionen aufgewendet wird, während die Zahl der Menschen, die von Gott nichts wissen, infolge der schwindelerregenden Bevölkerungszunahme von Tag zu Tag wächst. Sie werden sich nicht mehr damit abfinden, daß die Christen ihre besten Kräfte daran verschwenden, sich gegenseitig zu beweisen, wie wohlbegründet ihre respektiven Positionen sind.

HG

Seit dem vierten Jahrhundert dürfte es wenige entscheidendere Jahrhunderte gegeben haben als das unsere. Entweder die Christen verwirklichen eine der wichtigsten Forderungen des Evangeliums, nämlich seinen Anspruch auf universale Gültigkeit, oder sie ziehen sich in jenen Teilen der Welt, wo sie heute vertreten sind, auf sich selbst zurück und machen sich zu einem Hindernis für die Ausstrahlung „der Gnade, der Quelle des Heils für alle Menschen".

HG

Manche Jugendliche lieben Christus losgelöst von seinem Leib, der Kirche. In ihrem Bewußtsein ist oft schon ein politischer Universalismus an die Stelle der Kirche getreten. Das wäre für mich kein Problem, gäbe es nicht jenes letzte Gebet Christi vor seinem Tod: Wie er mit seinem Vater eins ist, so verlangt er von den Seinen, daß eine ebenso enge Gemeinschaft unter ihnen bestehe. In jener letzten Stunde hat er die Gewißheit: die Glaubwürdigkeit der Christen steht und fällt mit der Gemeinschaft, die sie zu einem Leib verbindet.

Wenn die Christen die sichtbare Gemeinschaft untereinander suchen, liegt darin kein Ziel an sich; es geht nicht darum, daß wir uns zusammen wohler fühlen oder geeint stärker sind. Es geht um die Wahrhaftigkeit in den Augen der Menschen, um für alle Menschen ein Ort der Gemeinschaft zu sein, an dem sich auch der Nichtglaubende aufgenommen weiß und an dem auf niemanden irgendein Zwang ausgeübt wird.

Deshalb habe ich noch nie so sehr begriffen, was in der Kirche auf dem Spiel steht und was riskiert wird, wenn die Kirche abgelehnt wird, und die Kampfpositionen unter der Oberfläche weiter ausgebaut werden.

Unsere Gemeinschaft ist wie ein Feuer, das überall auf der Erde entzündet ist, ein Feuer, an dem man sich verbrennt. KK

Vergangene Woche fragte ich den kleinen Jean-Paul, für wen wir beten sollten: „Für alle Menschen auf der Erde.“

Welcher Sinn für das Universale bei einem kleinen Kind!

Es ist wahr, seit 2000 Jahren verkünden wir die unfaßbare Hoffnung auf Jesus Christus, der gekommen ist, um jedes menschliche Wesen frei zu machen; nicht nur jene, die ausdrücklich aus ihm leben, sondern jeden Menschen an jedem Ort; nicht nur einige Privilegierte oder einen einzigen Volksstamm, sondern die Menschen aus allen Rassen und aus allen Völkern. KK

Vor allem müssen wir lernen, den andern anzuhören, in sein Denken, seine Einstellungen einzudringen und sie von innen heraus zu verstehen, anstatt lange Monologe zu führen, in denen man nur sich selbst zuhört. Ein Gespräch führen heißt nämlich nicht, den eigenen Gedanken weiter zu verfolgen in den uns eigenen Denkformen und in den Kategorien, an die wir gewöhnt sind; es heißt vielmehr, auf den andern, auf sein System eingehen können, um ihn zugänglich zu machen. Und das ganz einfach deshalb, weil wir uns in der Wahrheit lieben müssen. Das setzt ferner auch voraus, daß man sich Zeit nimmt, den rechten Ton zu finden, sich frei zu machen von Mißtrauen, sich so zu geben, wie man wirklich ist. Gespräch ist das Gegenteil von Polemik. HG

Ich habe mit Italienern und Spaniern, die alle fest in der Arbeiterschaft engagiert sind, über die Kirche gesprochen. Die Kirche um ihrer selbst willen zu lieben würde zweifellos ins Unheil führen. Was für Ungerechtigkeiten hat man nicht im Lauf der Geschichte schon um der Staatsräson willen begangen? Dasselbe ist im Namen der „Kirchenräson" geschehen; und wie weit ist man dabei nicht manchmal gegangen? Die Kirche lieben, allein, ohne Christus, das würde zur Unerbittlichkeit führen. Doch Christus allein lieben, ohne seinen Leib, damit würden wir uns selbst einengen. Christus lieben und die Kirche lieben, das ist eins. Diese Worte beschäftigen mich immer wieder.

F

Die Kirche lieben, wie Christus sie geliebt hat. Sich darein finden, daß sie nur über die tiefen Spuren hinweg fortschreiten kann, die die Sünden, der Geist der Spaltung und des Eigendünkels ihrer Glieder aufgerissen haben. Die Kirche lieben trotz der Mittelmäßigkeit so mancher ihrer Hauptverantwortlichen. Die Kirche lieben in ihren Gliedern, in den besten, aber auch in den unzulänglichsten unter ihnen.

HG

Es kann durchaus notwendig sein, gegen die Starre einer christlichen Gemeinschaft anzugehen. Wenn das aber die Form des Protestierens annimmt und wenn gar jene, die reagieren, sich in Gruppen zusammenschließen und von außen her Einspruch erheben, dann blockieren sie die von einem langen Marsch schon ermüdete christliche Gemeinschaft noch mehr und verhindern ihre Wiedergeburt. Was macht uns fähig, Hefe im Teig zu werden und ihn aufgehen zu lassen; die Kruste zu sprengen, die sich immer wieder um alternde Institutionen bildet? Nichts widersteht einem solchen Sauerteig.

DV

Jede Wandlung des Menschen geschieht aus seinem Innern heraus. Von innen her ändern sich unsere geistigen Strukturen. Im Innern unseres Wesens vollziehen sich dauernd Neubekehrungen zu Christus, den wir immer wieder vergessen, zurückweisen.

Gewiß muß alles getan werden, um alte Strukturen zu verbessern. Wenn sie aber nicht von großherzigen Menschen getragen werden, dann mögen die Reformen ihnen vielleicht äußerlich einen schönen Anstrich verleihen, man wird ihnen eine innere Logik nicht absprechen, aber neues Licht werden sie in nichts bringen. GdF

Urteile, die von außen her gefällt werden, müssen die davon Betroffenen verhärten und in sich selbst zurücktreiben. So läßt sich nicht bestreiten, daß die aus ihrer Konfession ausgetretenen Reformatoren weder durch ihre Festigkeit noch durch ihre guten Gründe die Reform einer Kirche ermöglicht haben, auf deren Umwandlung sie ihre ganze Hoffnung gesetzt hatten. Damit soll keineswegs die Notwendigkeit ihrer Appelle in Abrede gestellt werden. Diese waren vielmehr unumgänglich notwendig. Aber wie soll man nach ihnen noch auf eine Reform hoffen, wenn die Forderungen, die von diesen neuen, so schnell mit einem schweren Erbe von polemischen Gegensätzen belasteten Gruppen von Christen ausgehen, bar jeder Liebe für die Wirklichkeit sind, die selbst eine erstarrte Tradition in sich birgt?

HG

Die Geschichte kennt einen Zeugen einer echten Reform, den heiligen Franz von Assisi. Er hat für die Kirche gelitten und hat sie nach dem Vorbild Christi geliebt. Er hätte die Institutionen, die Bräuche, die Verhärtung gewisser Christen seiner Zeit verurteilen können, aber gerade das hat er nicht gewollt. Er hat es vorgezogen, sich selbst abzusterben. Er hat gewartet mit einer glühenden Geduld, und seine von brennender Liebe erfüllte Erwartung hat eines Tages Erneuerungen in Gang gebracht.

HG

Sucht nicht die katholische Kirche, die catholica, ihre ganze Geschichte hindurch, nachdem die Zeit der Abgrenzung ohne Erfolg war, Ort der Gemeinschaft für alle zu sein? Wenn sie durch die gegenwärtigen Schwierigkeiten empfindlicher geworden ist, so wird sie damit auch verständlicher und aufgeschlossener. Ich habe Vertrauen zu ihr, weil sie, ungeachtet all ihrer Verkalkungserscheinungen, Leben möglich gemacht hat, Leben aus den beiden Worten Jesu: „Das ist mein Leib" und „Was ihr auf Erden lösen werdet, wird auch im Himmel gelöst sein." F

Wer ist mehr auf den Nächsten bedacht als ein wahrhaft katholischer Mann, eine wahrhaft katholische Frau? In ihrem Herzen findet alles Raum: die Teilnahme an jeder menschlichen Situation, das Gebet der Kirche aller Zeiten und seine Anpassung an die Gegenwart, die Tränen um den Geprüften und die Freude über den, der die Dankbarkeit für das Heute erlebt. Ihnen ist es gegeben, leidenschaftlich für die Einheit zu leben, was immer sie das kosten mag, und zwar nicht in einem Traum, sondern in den konkreten Kirchen, die infolge eines soziologischen Gesetzes immer versucht sind, zuerst das Interesse einer lokalen Situation zu berücksichtigen und die Dynamik der Katholizität zu verlangsamen.

GdF

Ohne das Gebet um die Einheit wäre die ökumenische Arbeit eine blutlose und daher vergebliche Sache. Trotz aller Schwierigkeiten, die sich durch die Sünde und die menschlichen Traditionen der einen wie der andern angehäuft haben, läßt das Gebet auch in der Tiefe der Sackgassen, die unseren Fortschritt unablässig hemmen, die Hoffnung und die Liebe immer wieder neu aufleben. Im Gebet um die Einheit rufen wir die Barmherzigkeit Gottes herab, indem wir demütig unsere Fehler und die Hindernisse, die wir uns selbst in den Weg legen, einbekennen, und wir legen Fürbitte ein für alle jene Menschen, die besonders für die Einheit arbeiten, damit sie in

Gott und durch ihn zu Werkzeugen der Gemeinschaft werden. Auch müssen wir uns im Gebet die Dimensionen der Kirche ins Bewußtsein rufen, indem wir uns in die Gemeinschaft der Heiligen hineinstellen. Und in der Danksagung müssen wir alles bedenken, was Gott, der Urheber dieser Gemeinschaft, schon getan hat. Auf seiner Verheißung beruht unser innerer Friede. HG

Nur die Eucharistie, die zugleich das Mittel für die Einheit und deren Vollendung ist, vermag uns die Kraft und das Mittel zu geben, um unter den Christen auf der Erde Gemeinschaft zu verwirklichen. Es liegt hier eine existentielle Wahrheit vor. Als Sakrament der Gemeinschaft ist uns die Eucharistie dazu gegeben, daß sich alle Fermente der Trennung in uns und um uns auflösen. In ihr werden alle jene aufs neue verbunden, die einander aus Unwissenheit verachtet haben. DV

Warum diese Verwirrung unter den Christen?

Kirche Christi, solltest du zu einem säkularisierten Ort geistlicher Öde werden, zur grauen Stätte weltlicher Anpassungsformen, beraubt der Zeichen der Begegnung mit dem Auferstandenen, ein Salz ohne Kraft?

Solltest du zu einem starren und stereotypen Zerrbild der christlichen Gemeinschaft werden? Solltest du nicht mehr der Ort sein, wo der Mensch gerufen ist, mit Mut und hohen Ansprüchen die Krise zu überwinden, damit er dann durch ein konkretes Zeichen in seinem Leben den Menschen, seinen Brüdern, von seinem Warten auf das Ereignis Gottes spricht und sie bestärkt in der Gewißheit einer Anwesenheit, nämlich der des Auferstandenen?

Solltest du nicht der Ort sein, wo der Mensch imstande ist, den anderen aufzunehmen, Christus den heutigen Menschen mitzuteilen und das Evangelium in seiner ursprünglichen Frische zu leben?

Solltest du zu einem Ort der Spaltungen in ungezählte Richtungen werden, zu einer Stätte, wo sich der Pluralismus in Zerstreuung oder in eine einfache Koexistenz verwandelt? Wird Christus noch Glauben auf der Erde finden, wenn der Pluralismus in Widerspruch zur Einmütigkeit gerät? EP

Ob wir von Christus wissen oder nicht, er ist da, ganz nahe bei jedem. Wie ein unbemerkter Begleiter, wie Licht in unserer Finsternis, wie ein brennendes Feuer im Herzen des Menschen. Er hat sich so sehr an die Menschen gebunden, daß er bei ihnen bleibt, auch wenn sie es nicht wissen.

Aber Christus ist, wie Gott, auch ein anderer als wir. Er existiert frei in sich, er könnte ohne den Menschen existieren. Er ist das Gegenüber des Menschen, der ihn unablässig sucht, von Angesicht zu Angesicht. Er geht uns voraus, er ist jenseits des menschlichen Wesens.

Der Tag wird kommen, da sich in ihm alles Geschaffene vollenden wird, alle Welten, auch die, die vielleicht von anderen Geschöpfen bewohnt sind, die nach dem Bilde Gottes geschaffen sind. Wenn über unsere heutigen

Vorstellungen hinaus eine neue Weite der Gemeinschaft sichtbar würde, hätte auch sie immer und allein in Christus ihren Ursprung. Der Leib Christi, seine Kirche, kann sich nur immer noch weiter ausdehnen, bis er das All umfaßt.

KK

V
Gleichnis der Gemeinschaft

Der Pluralismus in der Gesellschaft unserer Zeit fördert und unterstreicht einen gleichen Pluralismus innerhalb der Christenheit. Dieser Vorgang läßt sich nicht ins Reich der Träume verweisen; er ist eine geschichtliche Tatsache. Würde man jedoch den Pluralismus um seiner selbst willen anstreben und ohne Ausrichtung auf eine gemeinsame Mitte bleiben, ohne Stütze in der Kirche, ohne Einmütigkeit im Grundlegenden, so hieße das, sich damit abzufinden, daß früher oder später der Glaube von der Erde verschwindet.

Alles besaßen sie gemeinsam, sie waren ein Herz und eine Seele, „eines Sinnes". Ohne daß man dessen gewahr wird, zerfällt eine Gemeinschaft, wenn sie in ihrem Innersten nicht eins ist. Und damit zerfällt das Zeichen der Kontinuität Christi in der Geschichte, es gibt keinen Ort mehr, der für jeden Menschen offen ist. Die Uneinigkeit bringt die Menschen dahin, sich gegenseitig das Daseinsrecht streifür die Gemeinschaft aller Gemeinschaften, die Kirche. Die Einmütigkeit im Pluralismus leben heißt auf der Suche sein nach dem Angelpunkt, der allen gemeinsam ist, um den herum die Gemeinschaft in einer Vielfalt von Ausdrucksformen wachsen kann, um so freier, je sicherer die Einmütigkeit ist. EP

Gewisse Strömungen unserer Zeit suchen nach Pluralität ohne Einmütigkeit. Das ergibt in der Kirche einen Leib ohne Herz. Daher hat erneut ein Kampf begonnen zwischen denen, die nur die Verschiedenheit der Glieder sehen, und den anderen, die aus Reaktion ein übergroßes Herz durchsetzen möchten. In einer monastischen Gemeinschaft wäre es dadurch über kurz oder lang unmöglich, ein Gleichnis der Gemeinschaft zu leben. F

Die Forderung, daß der Christ mitten im Leben der einen, universalen Kirche und gleichzeitig mitten im Leben der Menschen stehen soll, wirft eine Frage von solcher Dringlichkeit und Tragweite auf, daß es überheblich scheinen mag, wenn wir hier die bescheidene Antwort geben, die aus Taizé hervorgeht. Denn wir sind uns wohl bewußt, daß zwischen unserem Versuch – dem Versuch schwacher Menschen – und den Horizonten, vor denen wir stehen und die so weit sind, daß allein ihr Anblick unseren Blick beunruhigt, ein Mißverhältnis besteht. Es gilt also, bescheiden zu bleiben.

Aber das Wort ist Fleisch geworden, und als Zeugen des Wortes müssen wir bei all unserer menschlichen Schwachheit mit möglichst großem Sachverstand und Liebe uns dem stellen, zu dem dieses Wort uns ruft. Von daher wird es verständlich, daß in unserem gemeinsamen Dienst für Jesus Christus zwei Hauptaufgaben im Vordergrund stehen, nämlich die Bemühung um die Wiedervereinigung der Christen und der Wille, das Leben der Menschen an gewissen neuralgischen Punkten mitzuleben.

Ja, gerade in der Spannung zwischen diesen beiden Polen verwirklicht sich das Gleichgewicht unserer Berufung als Gemeinschaft.

HG

Wir, die wir es ablehnen, uns mit einem guten konfessionellen Gewissen zu begnügen, wir wollen mit den uns zur Verfügung stehenden Mitteln versuchen, eine Bresche in die Schranken zu schlagen, die die Christen voneinander trennen. Ein solches Programm für den Dienst muß durch Generationen beharrlich fortgesetzt werden. Er setzt also eine brennende Geduld voraus. Aber ist nicht gerade eine zönobitische Gemeinschaft – und das bedeutet „Lebensgemeinschaft“ – einer jener Orte, wo Kontinuität möglich ist und um den herum die Wogen der Begeisterung für oder des Zweifels gegen den Ökumenismus sich brechen können?

HG

Um es wagen zu können, alle Getauften zur sichtbaren Einheit zusammenzurufen, müssen wir bei uns selbst anfangen und täglich die Einheit in uns und unter uns herstellen. Es hieße den Pflug vor die Ochsen spannen, wollte man die Reihenfolge umkehren. Aber in dem Maße, wie die innere Einheit die täglich drohende Gefahr des Auseinanderfallens zurücktreten läßt, wird es möglich, an der Einheit unter den Menschen zu arbeiten und mit brennender Hoffnung auf die sichtbare Einheit aller Christen zu warten.

Die ständige Bemühung um Einheit macht den Menschen innerlich ausgeglichen, bringt Denken und Tun, Sein und Handeln in Einklang. Solch ein inneres Gleichgewicht entsteht in dem Maße, wie wir Schritt für Schritt versuchen, mit dem Besten und zugleich auch dem Innersten unseres Selbst konsequent zu sein, mit Christus in uns. EP

Was wollen wir anderes in unserem gemeinsamen Leben, als Menschen, die in der Nachfolge Christi stehen, zusammenzuführen, um so ein existentielles Zeichen der Einheit der Kirche zu leben?

Während einige Menschen, jeder für sich genommen, nicht viel ausrichten können, können dieselben Menschen, wenn sie im gemeinsamen Leben miteinander verbunden sind, allen Ereignissen gerade entgegensehen mit einem Glauben, der Berge versetzen kann: sie haben die Kraft des Kircheseins erhalten, wie sie jeder Gemeinschaft zu eigen ist, die sich um die Echtheit ihrer Berufung müht.

Eine solche Gemeinschaft bildet einen Mikrokosmos der Kirche. Sie faßt in sich die ganze Wirklichkeit der Kirche zusammen. Das schlichte Zeichen einer Gemeinschaft kann darum einen Widerhall finden, der weit über die Grenzen der Menschen hinausgeht, die dazugehören. Gleichwohl wollen wir in Taizé nicht Schule machen, weder in Theologie noch in Liturgie oder im Bereich der profanen Wissenschaften. Anhänger zu gewinnen bedeutet heute nichts. EP

Was wir suchen müssen, ist ein christliches Engagement in unserer menschlichen Umwelt; was wir entdecken müssen, ist das Mittel, um im Beruf, am Arbeitsplatz, die Gegenwart Christi – vielleicht ohne Worte – auszustrahlen. Dazu müssen wir mit dem Menschen dort in Beziehung treten, wo er ist, ihn so nehmen, wie er ist; wir müssen auf seine Menschlichkeit eingehen, ihn aus seinem Innern heraus verstehen. Dann geht es nicht mehr darum, daß wir uns ein Urteil über ihn bilden, sondern einzig darum, daß wir ihn mit einer Liebe lieben, die alles versteht. Die Welt weiß zwar wenig vom Evangelium, das aber weiß sie, daß wir uns auf die brüderliche Liebe unter allen Menschen berufen. In diesem Punkt stellt sie oft erstaunlich hohe Forderungen an uns, für die wir aber empfänglich bleiben müssen, wenn wir ihnen entsprechen wollen. Die im Kommen begriffene Generation dürstet nach dem Echten, sie verabscheut Betrug und christlichen Pharisäismus, sie erträgt keine künstlichen Lösungen. Deshalb ist es so notwendig, daß wir unser Christenleben in den Situationen der heutigen Welt einwurzeln. HG

Die anderen um Christi willen im Stich lassen, sich saubere Hände waschen inmitten der Not der Menschen von heute – oder Christus aufgeben, sich nur für die anderen und für die Gerechtigkeit zu engagieren: diese Alternative zerreißt und zerbricht einen. Niemals Christus ohne die Menschen! Niemals die Menschen ohne Christus! KK

Entspringt das brennende Verlangen nach zwischenmenschlichen Beziehungen nicht der Vorahnung einer anderen, wesentlicheren Gemeinschaft, einer Gemeinschaft mit Christus?

Bei den jungen Generationen ist dieses Verlangen heute drängender denn je. Macht sie das nicht bereit für die Erkenntnis, daß auch die innigste menschliche Gemeinschaft ihre Grenzen hat und letztlich nur Einer unsere vielfache Einsamkeit ausfüllen kann?

Nicht jedem wird eine starke Freundschaft zuteil, die das ganze Leben lang anhält. Aber das intensive Erleben, das die Erfahrung einer zeitlich begrenzten Freundschaft schenkt, kann ein ganzes Leben prägen. Die Freundschaft gibt eine neue Inspiration, die man vorher nicht gekannt hatte. Sie wandelt das Innerste des Menschen um, vermenschlicht ihn und macht ihn kommunikationsfähig.

GdF

Was die Welt heute braucht, ist mehr das Bild als die Idee. Heute hängt die Durchschlagskraft einer Idee davon ab, ob hinter ihr eine sichtbare Wirklichkeit steht, sonst bleibt sie weiter nichts als Ideologie. Mag das Zeichen noch so schwach sein, sobald es sich um eine lebendige Wirklichkeit handelt, hat es Wert.

Seinem Wesen nach ist jedes Leben in Gemeinschaft gleichzeitig Gott und den Menschen zugewandt. Wäre es allein auf die eigene Vervollkommnung ausgerichtet, liefe es Gefahr, langsam abzusterben. Gemeinsames Leben verlangt Anpassungsfähigkeit an neue Gegebenheiten.

Zuviel Vorsprung vor der Geschichte erzeugt fieberhafte Unruhe und sinnloses Aufbegehren, Verspätung jedoch hemmt den Schwung eines Lebens in Hingabe.

Wenn das gemeinsame Leben seine Eigenheit annimmt, wenn es sich füllen läßt von der Frische eines brüderlichen Lebens, das es kennzeichnet, dann ist dieses Leben – heute wie nie zuvor – wie Hefe im Teig. Es birgt eine explosive Kraft. Es kann Berge von Gleichgültigkeit versetzen und den Menschen auf unersetzbare Weise die Gegenwart Christi vermitteln.

In den düstersten Zeiten war oft eine Handvoll Männer und Frauen, die über die ganze Welt verstreut lebten, imstande, den Ablauf geschichtlicher Entwicklungen umzukehren, weil sie hofften, wo nichts mehr zu hoffen war. Was dem Zufall preisgegeben war, geriet so in den Strom einer neuen Dynamik. EP

VI
Ein unwiderrufliches Ja

Im Bereich des inneren Lebens gibt es keine Privilegierten. Wer wir auch seien, wir sind stets darauf verwiesen, jeden Tag neu zu beginnen; jeden Morgen das Kreuz wie auch das Fest tief in uns wiederzufinden.

Was uns durchhalten läßt, ist ein Engagement, das wir für das ganze Leben eingegangen sind, ein Ja, das nachträglich nicht wieder in Frage gestellt wird. Natürlich gibt es Tage, an denen dieses Ja schwer werden kann, an denen es nicht mehr aus der Spontaneität des eigenen Wesens hervorgeht; eine Zeitlang wird das vor Gott eingegangene Engagement wie ein Gesetz geachtet. Das gilt aber auch für diejenigen, die die Treue in der Ehe leben. Von Zeit zu Zeit brauchen wir das Gesetz wie einen Pädagogen. Aber nicht für allzu lange Zeit! Immer kommt der Augenblick wieder, an dem das Fest möglich ist. F

Ein Mann, etwa vierzig Jahre alt, fragte mich, wie er neu ansetzen und an seiner Berufung festhalten könne. Für mich gibt es nur einen einzigen Weg: immer und immer wieder zum ersten Beginn zurückkehren. Damals hatte der Entschluß, sein ganzes Leben zu geben, dichte Nebel zerstreut und Glück aufbrechen lassen. Wenn man die ursprünglichen Entdeckungen wieder in sich aufnehmen kann, gelangt man zu einer der Quellen für das Fest. Nicht nur einmal, viele Male kann man sich dann neu auf den Weg machen, bis zum Tod.

Das Ja zur Ehe wie zur Ehelosigkeit stellt uns sozusagen auf einen steilen Grat. Dabei geht es um den ganzen Menschen, mit seinem Leib und allen Kräften seines Innern: Intelligenz, Empfindungsvermögen, affektive Neigungen, Phantasie.

Wer dieses Ja spricht, verzichtet darauf, zurückzuschauen. Immer wieder, sein ganzes Leben lang, spricht er zu Christus: „Ich vertraue dir, ich glaube dir auf dein Wort hin!" Wollte man völlige Klarheit abwarten, um ein Ja zu sprechen, das ein Ja bleibt, dann könnte es leicht geschehen, daß man schließlich nur mehr Reste anzubieten hat.

Einmal gesprochen, ist dieses Ja die Hauptstütze, sich ständig mit seinen schöpferischen Kräften zu entfalten; es ist eine Achse, um die sich der Mensch in lebendiger Freiheit bewegt, eine Quelle, in deren Nähe der Mensch tanzen kann. KK

Nur dann sind christliche Ehe und christliche Ehelosigkeit vollwertig, wenn sie im Gehorsam gegen den Herrn der Kirche gelebt werden mit dem ausschließlichen Ziel, ihn mehr zu lieben. Sofern man sie aus Liebe zu Gott und zum Nächsten auf sich nimmt, werden sie nie zu einem Hindernis für die persönliche Entfaltung werden. Wo das nicht der Fall ist, kommt es rasch zu einem Rückfall in die Eigenliebe. Man liebt dann nicht mehr um Christi und des Evangeliums willen, die Liebe will nicht mehr geben, sondern vor allem besitzen und an sich reißen. So können die besten Eheleute aus ihrer Ehe eine Zelle, die zum Tode führt, machen, wenn alles nur mehr im Dienst des irdischen Glückes steht. Christlichen Eltern kann es geschehen, daß sie ihre Kinder nur um der eigenen Befriedigung willen lieben. Und auch Menschen, die den Zölibat leben, können nach und nach auf dieselbe abschüssige Bahn geraten. Ihre allzu große Sensibilität, ihre Angst, aus sich herauszugehen, verwandelt sich in eine introvertierte Empfindlichkeit und macht sie zu Menschen, die nur mehr aus Übelnehmen bestehen.

Wenn die Liebe Christi sich nicht unseres ganzen Wesens bemächtigt, wenn wir uns nicht ganz von seiner Liebe durchwirken lassen, können wir weder in der christlichen Ehe noch im christlichen Zölibat erwarten, daß wir ihrer ganzen Fülle teilhaftig werden. HG

Im Christentum besitzen Ehe wie Ehelosigkeit den Charakter des Absoluten. Um Christi willen werden beide zu Zeichen für das kommende Reich. Beide auferlegen dem Menschen gefährliche Lebensbedingungen, die er nur um Christi und des Evangeliums willen auf sich nehmen kann. HG

Zölibat

Wenn das Zölibat eine größere Verfügbarkeit dafür schafft, für Gottes Sache zu sorgen, kann man es nur annehmen, um sich noch mehr dem Nächsten hinzugeben mit der Liebe Christi selbst.

Unser Zölibat bedeutet weder Unterdrückung menschlicher Zuneigung noch Indifferenz, sondern es beruft uns zur Wandlung unserer natürlichen Liebe. Christus allein bewirkt die Verwandlung der Leidenschaften in völliger Liebe zum Nächsten. RT

Die Lauterkeit des Herzens bewirkt, daß wir Gott schauen: „Selig, die lauteren Herzens sind, sie werden Gott schauen." Auf diese Verheißung, daß wir Gott schauen werden, daß wir ihn schon sehr bald, schon in unserem irdischen Dasein schauen werden, müssen wir uns stützen. Das allein hat forthin Bedeutung. Ohne diese Sehnsucht, Christus zu schauen, darf man nicht hoffen, in der Lauterkeit des Herzens und des Fleisches festbleiben zu können. Ohne diese Erwartung, die man durch die schweigende Kontemplation des Gottessohnes Christus in sich lebendig erhält und erneuert, ist keine Lauterkeit denkbar. HG

Die Klarheit des Herzens kann nur gelebt werden in dem spontanen und fröhlichen Lossagen von sich selbst, um *sein Leben hinzugeben für die, die man liebt.* Und diese Selbsthingabe setzt voraus, daß man es hinnimmt, in seinem Empfinden oft verletzt zu werden.

Es gibt keine Freundschaft ohne reinigendes Leiden.

Es gibt keine Nächstenliebe ohne das Kreuz. Das Kreuz allein läßt uns erkennen, wie unergründlich tief die Liebe ist. RT

Die Keuschheit eröffnet eine unvermutete ökumenische Dimension: sie läßt uns Menschen sein, die so sehr auf eine Erwartung ausgerichtet sind, daß sie nichts mehr für sich selbst behalten wollen. Da können wir uns einüben für eine Offenheit zum Universellen, die uns alles, was auf uns zukommt, verfügbaren Herzens aufnehmen läßt. Worauf es ankommt, ist es nicht letztlich: Christus für die anderen zu leben?

EP

Wenn jemand keine Familie nach dem Fleische hat, dann schenkt ihm Gott eine solche Weite des Herzens und des Verstandes, daß er jede menschliche und geistliche Familie liebt. Wenn jemand um Christi und des Evangeliums willen seine Arme für alle offenhält und sie um niemanden schließt, dann wird es ihm gegeben, ökumenisch zu leben und dadurch jede menschliche Situation zu verstehen. Wenn jemand auf seiner Suche nach Gott Christus zu seiner ersten Liebe macht, dann wird es ihm möglich, unter den Menschen, die nicht glauben können, Christus in verborgener Weise gegenwärtig zu machen.

DV

Die Gütergemeinschaft

Eine voll bejahte Armut kann in einem christlichen Leben die tragende Kraft sein und zu innerer Freiheit verhelfen, die durch Besitz nicht gefördert würde. Dennoch ist die Armut keineswegs die ideale Lebenslage für den Christen. „Die Armut an sich ist keine Tugend. Der Arme im Sinne des Evangeliums lernt, zu leben ohne Sicherung für den morgigen Tag, in dem fröhlichen Vertrauen, daß für alles gesorgt sein wird. Der Geist der Armut besteht nicht darin, sich armselig zu geben, sondern darin, alles so zu halten, wie es der schlichten Schönheit der Schöpfung entspricht. Der Geist der Armut ist Leben in der hellen Freude am Heute. Wenn Gott die Güter der Erde umsonst austeilt, ist es Gnade für den Menschen zu geben, was er empfangen hat.“ RT

Ihren wahren Wert erlangt die Gütergemeinschaft erst dann, wenn wir aus der Kühnheit Gottes leben: alles gemeinsam tragen; sollten alle Quellen versiegen, trotz der Armut unserem

Auftrag treu bleiben. Es wagen, gefährlich zu leben; aufbrechen wie Abraham, der nicht wußte, wohin er ging; uns ganz dem Vertrauen überlassen, daß für jeden Tag gesorgt sein wird; und so dem Geist des Besitzenwollens den Boden entziehen. HG

Bequeme Mittel wirken schöpferischen Kräften immer entgegen. Die Armut der Mittel ermöglicht uns, intensiv und voll heiterem Sinn im Heute zu leben. Aber die Freude verflüchtigt sich, wenn die Armut der Mittel zu Strenge und Kritiksucht führt.

Die Armut der Mittel weckt den Sinn für das Universelle . . . und das Fest fängt aufs neue an; das Fest, das nie aufhören wird. UG

Der Prior

In der Kirche Entscheidungen zu treffen heißt, daß man den Spuren Gottes nachgehen und alle Christen auf einen für den Dienst praktikablen Weg mit sich ziehen muß. Die Autorität in einer Communauté muß christozentrisch sein. Das verlangt von dem, dem diese Verantwortung übertragen worden ist, daß er den Plan Gottes zu erkennen sucht, ehe er die praktische Entscheidung trifft. An dieser Bemühung, den Willen Gottes zu erforschen, nehmen selbstverständlich alle teil. Der Bruderrat, dem alle Brüder angehören, die sich endgültig engagiert haben, „sucht den Willen Christi für den Weg der Communauté so klar wie möglich zu erkennen. Der erste Schritt ist daher, in sich Stille zu schaffen, damit man bereit wird, auf seinen Herrn zu hören. Nichts ist dem rechten Geist der Beratung mehr zuwider, als wenn man seine Absichten nicht so geläutert hat, daß man einzig den Plan Gottes zu erkennen wünscht. Wenn es irgendwann gilt, Frieden zu suchen und ihm nachzujagen, Streit zu vermeiden und die Versuchung, recht haben zu wollen – dann sicher im Bruderrat. Meide den Ton, der keinen Widerspruch duldet, das kategorische ‚man muß'. Trage nicht viele gute Argumente zusammen, um dir Gehör zu verschaffen; leg in wenigen Worten dar, was dir am ehesten dem Plan Gottes zu entsprechen scheint, ohne dir einzubilden, daß du es erzwingen könntest. Damit nicht ein Geist des gegenseitigen Überbietens gefördert wird, hat der Prior vor seinem Herrn den Auftrag, die Entscheidung zu fällen, ohne daß er dabei an eine Mehrheit gebunden wäre. Frei von menschlichem Druck hört er auf den Schüchternsten mit der gleichen Aufmerksamkeit wie auf den Bruder, der voll Selbstvertrauen ist. Wenn ihm klar wird, daß in einer wichtigen Frage eine tiefgehende Übereinstimmung fehlt, so soll er sein Urteil zurückstellen und, damit die Communauté nicht stehenbleibt, eine vorläufige Entscheidung treffen. Er ist dann frei, später darauf zurückzukommen. Denn für die Brüder, die unterwegs sind auf Christus zu, ist Stillstand Ungehorsam.“ (Regel von Taizé.)

HG

Es handelt sich also bei diesem Dienst durchaus nicht um menschlichen Zwang, um Durchsetzung des eigenen Willens. Niemandes Gewissen darf beeinträchtigt werden. Aufgabe dieses Dienstes ist es, den Willen Christi in Erinnerung zu rufen. Wer diesen Auftrag übernimmt, muß sich deshalb hüten vor jenem geheimen Ehrgeiz, der unmerklich dazu führt, daß man die Seelen beherrschen und sich ihrer bemächtigen will. Dieser Ehrgeiz ist unendlich viel verhängnisvoller als jener der Fürsten der Erde, die über die materiellen Güter und die Leiber herrschen. Wer diesen Dienst ausübt, muß abnehmen, damit Christus in denen zunehmen kann, die ihm anvertraut sind. HG

Allzu häufig hat man Autorität mit weltlicher Macht identifiziert, während sie in der Kirche zuallererst Gemeinschaft bedeutet. Autorität kann weder monarchisch noch demokratisch verstanden werden; sie ist pastoral.

Ich sehe in meinem eigenen Dienst einen Dienst an der Einheit. Prior von Taizé zu sein bedeutet in meiner Sicht, Mensch der Gemeinschaft zu sein.

Vom Hirten sagt uns Christus, daß er sein Leben hergibt, daß er sich dem reißenden Wolf, der stets darauf aus ist, Spaltung hervorzurufen, in den Weg stellt. Ich brauche ein Stückchen vom Mut Christi, um nicht angesichts der Schwierigkeiten aufzugeben, um nicht zu entfliehen, sondern im Gegenteil dazu Einheit entstehen zu lassen, um in gespannten Situationen Ausgleich zu schaffen und auch um unsere Gemeinschaft in der Gemeinschaft mit der ganzen Kirche zu halten.

Bei der Ausübung dieses Dienstes interessiert mich die Macht überhaupt nicht. Ich weiß ganz einfach, daß unsere Gemeinschaft die Berufung hat, tagtäglich ein Gleichnis der Gemeinschaft zu leben, und daß sie dies nicht ohne einen Diener kann, den Prior, der das Wesentliche des Gesamten herausstellt.

Dieser Dienst an der Einheit stellt den, der ihn versieht, nicht an die Spitze einer Pyramide, sondern in die Mitte seiner Gemeinschaft.

F

Christus, du forderst mich unablässig heraus und fragst mich: „Wer bin ich für dich?“

Du bist der, der mich bis in das Leben liebt, das niemals endet.

Du öffnest mir den Weg zum Wagnis. Du gehst mir auf dem Weg zur Heiligkeit voran. Glücklich ist dort, wer grenzenlos liebt, bis in den Tod; auf diesem Weg, der bis zum Zeugnis des Martyriums führen kann.

Das Nein in mir verwandelst du Tag um Tag in ein Ja. Du willst von mir nicht nur einige Bruchstücke, sondern mein ganzes Dasein.

Du bist es, der Tag und Nacht in mir betet, ohne daß ich wüßte wie. Mein Stammeln ist ein Gebet: Dich bei dem einen Namen Jesus nennen, darin erfüllt sich unsere Gemeinschaft.

Du bist es, der jeden Morgen den Ring des verlorenen Sohnes an meinen Finger steckt, den Ring des Festes.

Und ich, warum habe ich so lange gezögert? Habe ich „das Strahlen Gottes gegen die Ohnmacht ausgetauscht, habe ich die Quellen des lebendigen Wassers verlassen, um rissige Zisternen zu graben, aus denen das Wasser wegfließt?“ (Jer. 2).

Du hast mich unablässig gesucht. Warum

habe ich von neuem gezögert und noch um Zeit gebeten, meine eigenen Sachen in Ordnung zu bringen? Warum habe ich noch zurückgeschaut, nachdem ich schon die Hand an den Pflug gelegt hatte? Ohne es genau zu wissen, war ich untauglich geworden, dir nachzufolgen.

Dennoch habe ich dich geliebt, ohne dich gesehen zu haben.

Du hast es mir wiederholt gesagt: Lebe das, was du vom Evangelium begriffen hast, und sei es noch so wenig. Verkünde mein Leben unter den Menschen. Entzünde ein Feuer auf der Erde. Du, folge mir nach . . .

Dann, eines Tages habe ich begriffen: Du wolltest meinen unwiderruflichen Entschluß.

UG

VII
Hoffnung strahlt auf

Eine Hoffnung weht durch das Volk Gottes. Unumstößliche Ereignisse bezeugen das. Ihre Verschiedenartigkeit verwirrt bisweilen. Sie macht es schwer, das Morgen der Christen abzusehen. Aber das Leben bricht sich Bahn, und keineswegs nur irgendein Leben.

Nein, das Prophetentum ist nicht tot.

Die seit Jahrhunderten getrennten Christen können nicht mehr einfach aneinander vorbeisehen. Neue Generationen von Christen ertragen die Spaltung nicht mehr, weil sie den Nichtglaubenden begegnen möchten.

Für diese jungen Menschen ist Gott nicht tot. Was sie heftig ablehnen, das sind illusorische Dialoge oder Klischees, die manche Vertreter der älteren Generation von sich geben. Sobald aber die Älteren es verstehen, sich in neuen Begriffen auszudrücken, werden sie heute von den Jugendlichen besser verstanden denn je zuvor. Wer wird den Mythos von der endgültigen Ablehnung der Älteren zerstören? Viele junge Menschen möchten sich auf die Erfahrungen eines ganzen Lebens stützen können; Alter spielt dann keine Rolle mehr. Sie sind bereit einzusehen, daß nichts dabei herauskommt, wenn sie sich allein ans Werk machen.

Für sie ist Freundschaft nicht ein leeres Wort. Sie verstehen darunter ein Miteinander-Teilen. Dort geht das Volk Gottes von morgen hervor. Viele kleine Zellen bilden sich, in denen der Sinn für gemeinsames Schaffen eine bisher ungekannte Intensität erhält. GdF

Die Mittel, die den Christen zur Verfügung stehen, um als Ferment der Einheit zu leben, sind nicht sehr eindrucksvoll. Aber ist nicht der Sauerteig äußerlich dem Teig so ähnlich, daß das Auge ihn nicht von diesem unterscheiden kann? Und doch enthält er unsichtbar die ganze Wirkkraft. In ihm ist schon alles eingeschlossen, unendliche Möglichkeiten werden durch ihn Wirklichkeit.

Der Sauerteig ist im Teig verborgen. So muß auch die Präsenz des einzelnen Christen mitten im Leben der Kirche und im Leben der Menschen ebenso unauffällig sein wie jedes mit Christus in Gott verborgene Leben. HG

Ist der Aufruf zur Versöhnung etwa eine Einladung zur Passivität, zur Absage an den Kampf? Nein, das Evangelium führt nie zu angenehmer Ruhe. Versöhnung mit sich selbst wie mit den anderen setzt voraus, daß man Spannungen und Kampf bejaht. Wenn man Krisen vorzeitig abbricht oder ihnen zu entrinnen sucht, sterben Lebenskräfte ab. Durch Krisen hindurchgehen, sehen, was danach kommt – dieser Weg führt uns weiter. KK

Der Mensch ist für die Hoffnung geschaffen. Für ihn werden alle Dinge neu.

Eines Tages leuchtet mitten in unseren Finsternissen ein lebendiges Wort auf. Es öffnet uns unwiderstehlich für den Mitmenschen.

Christus will uns nicht mit Zwang zu sich führen.

Das Evangelium ist kein Schraubstock, in den man das Gewissen des anderen und sein eigenes einzwängen müßte wie in ein System. Das Evangelium ist Gemeinschaft.

In Christus hat sich Gott arm gemacht und

verborgen. Ein Bild der Größe kann nicht das Zeichen Gottes sein. Gott verlangt von uns nicht Wunder, die über unsere Kraft gehen. Er will ganz einfach, daß wir begreifen, wie wir unsere Brüder – die Menschen – lieben können.

In diesen Jahren spürt man, daß etwas Neues im Entstehen ist: Volk Gottes unterwegs zur Gemeinschaft.

Das Prophetentum ist nicht tot. Über dem Horizont unseres gewalttätigen Heute steigt eine junge Hoffnung auf. GdF

Was das Konzil der Jugend angeht, stelle ich bei mir keine Beunruhigung fest, auch wenn von manchen Seiten auf die ernsten Schwierigkeiten hingewiesen wird. Ich vertraue auf die Ideen der jungen Menschen aus so vielen Ländern, die sich hier versammeln, wieder abreisen, suchen, beten, wiederkommen. Wenn ich in diesen heißen Augustnächten manchmal allein unter einem Himmel voll Sternen wandere, während Tausende von Jugendlichen auf dem Hügel sind, sage ich mir: Die vielfältigen Vorstellungen dieser jungen Menschen sind wie diese Sterne, lichtvolle Hoffnungen in meiner Nacht. Noch läßt sich nichts erkennen, und dennoch ist meine Nacht ein Fest, erleuchtet und erfüllt von einer unbändigen Hoffnung. Zukunft und Jugend, beides gehört zusammen. Nein, ich habe keine Sorge um die Zukunft. Ein Frühling der Kirche steht vor der Tür. Bald wird uns sein Feuer erwärmen. KK

Ebensowenig wie die alten Generationen ein Recht auf ausschließliche Geltung beanspruchen können, dürfen die jungen Generationen einen Vorrang ausschließlich davon herleiten, daß sie jung sind. Die christliche Gemeinschaft ist nicht einfach eine Kopie der bürgerlichen Gesellschaften. In ihr stehen vielmehr alle gemeinsam im Einsatz. Der Bruch zwischen den Generationen steht im Widerspruch zur ökumenischen Ausrichtung. Jede Seite hat alles dabei zu verlieren: die Jungen, weil sie sich die menschliche und geistliche Erfahrung ihrer Älteren nicht mehr zunutze machen können; die weniger Jungen und die Älteren, weil sie sich in eine Situation verbannt haben, in der sie nicht mehr leben können, sondern nur noch untätig den Tod erwarten. DV

„Mein Leben ist nutzlos!" Ein Schrei, der aus der Tiefe vieler aufbricht.

Wer glaubt tatsächlich daran, daß sein Leben einen Nutzen gehabt hat, und wer könnte behaupten, voll und ganz nützlich zu sein? Mag unser Leben auch noch so erfüllt sein, stets bleiben wir unnütze Knechte, doch zugleich auch Mitarbeiter Gottes. In dieser Dialektik des Evangeliums liegt kein Widerspruch. Die unter Tränen über ihre eigene Nutzlosigkeit säen, werden mit Freuden ernten. Es kommt der Tag der Blüte und der innigen Freude. Die Blüte vergeht, es folgt die Zeit des Wartens, die Zeit der Frucht. Das ganze Leben reicht kaum dafür aus. GdF

Was wir erneuern, wird vielleicht seinerseits der Verhärtung anheimfallen, wie ja auch die Kruste des Teiges hart wird, wenn sie alt wird. Unsere Aufgabe ist es, andere Menschen heranzubilden, damit sie nach uns als neuer Sauerteig wirken können. Auf diese Weise erneuert sich die Kirche Christi. HG

Studenten haben mich gefragt, wie man eine gemeinsame Regel für ihr Internatsjahr ausarbeiten könne. Eine Regel! Was für ein juristischer Ausdruck! Nun, ich habe ihn selbst verwendet vor über zwanzig Jahren, als ich jenes Büchlein verfaßte, in dem ich die Leitlinien unserer Gemeinschaft aufzeichnete. Ich schlug ihnen vor, sich – von ihrer ganz konkreten Umwelt ausgehend – selbst zu befragen. „Gleich vielen jungen Menschen lehnt ihr jegliche Privilegien ab. Und doch wird euch euer Studium Privilegien verschaffen, möglicherweise werdet ihr Anteil an der Macht bekommen. Werdet ihr euch vorbereiten, über den Menschen zu herrschen oder ihm zu dienen?"

F

Christus verpflichtet niemanden, ihn zu lieben. Aber er, der Lebendige, bleibt jedem von uns an der Seite wie ein Armer, ein Unbekannter. Selbst in den fragwürdigsten Ereignissen, in der Zerbrechlichkeit des Daseins ist er uns nahe. Seine Liebe ist Gegenwart, nicht nur für einen Augenblick, sondern für immer. Diese Liebe aus der Ewigkeit schließt uns eine Zukunft jenseits von uns selbst auf. Ohne diesen anderen Ursprung, ohne dieses Werden-über-sich-selbst-hinaus, hat der Mensch keine Hoffnung mehr ... und die Lust voranzuschreiten verliert sich.

Im Angesicht dieser Liebe aus der Ewigkeit ahnen wir, daß unsere konkrete Antwort nicht flüchtig sein darf, sich nicht auf einen bestimmten Zeitraum beschränken kann, nach dem wir uns wieder zurücknehmen. Aber ebensowenig kann unsere Antwort in einer Willensanstrengung bestehen. Manche würden daran zerbrechen. Sie besteht mehr darin, daß wir uns überlassen.

Wenn wir einfach vor ihm da sind, mit oder ohne Worte, wissen wir, wo unser Herz Ruhe finden kann, können wir antworten wie Arme.

Darin liegt die verborgene Triebkraft eines Daseins, das Wagnis des Evangeliums. „Auch wenn ich manchmal nicht mehr weiß, ob ich dich liebe oder nicht, du, o Christus, weißt alles, du weißt, daß ich dich liebe."

Wirkliches Glück wird dem zuteil, der die Risiken dieser Liebe auf sich nimmt, ohne die Folgekosten zu berechnen. Sobald du ein Glück suchst, um dir selbst zu dienen, gleitet es dir über kurz oder lang aus den Händen. Je leidenschaftlicher du es zu ergreifen suchst, desto weiter wird es sich von dir entfernen.

Leidenschaftlicher Sucher seiner Liebe aus der Ewigkeit, wer du auch seist, weißt du, wo dein Herz Ruhe finden kann? Gerade durch deine Wunde hindurch öffnet er die Tür zu einem Glück: zum Lobpreis seiner Liebe. Überlasse dich, gib dich. Das heilt die Wunden, und nicht nur die deinen. In Ihm finden wir schon Heilung, heilen wir einander. BT

Wie oft ist im Laufe des Sommers diese eine Frage wiedergekehrt: „Wie soll es weitergehen, wenn wir aus Taizé nach Hause zurückgekehrt sind?" Ich habe geantwortet: „Es ist unmöglich, das Evangelium ganz zu erfassen. Wenn ihr aber während eures Aufenthaltes nur ein Wort, eine Geste, sei es auch noch so wenig, richtig verstanden habt, dann verwirklicht dieses Wort, diese Geste im Leben unmittelbar und mit eurer ganzen Person." Wenn einmal der erste Schritt getan ist, wird sich der Weg für weitere Schritte öffnen. Es geht darum, das Wenige, das wir begriffen haben, wirklich zu leben und mit den geringen Einsichten, mit der eigenen Armut schöpferisch weiterzusuchen und Neues zu schaffen. Kämpfen, um eine Einsicht zu gewinnen und aus ihr zu leben. KK

Was das Evangelium betrifft, so müssen wir zugeben, daß wir nicht fähig sind, alles zu begreifen, was die Schrift lehrt. Deshalb müssen wir das wenige, das wir uns wirklich zu eigen gemacht haben und das in der Tiefe unseres Wesens Wurzel geschlagen hat, im Leben verwirklichen. Kommen wir also immer wieder auf die wenigen ganz einfachen Sätze zurück, in die wir das Wort Gottes, so weit es in uns eingedrungen ist, zusammengefaßt haben. So werden wir unseren inneren Menschen aufbauen und erfahren, wie unsere Person nach und nach zur Einheit findet. HG

Die Kirche von morgen bereitet sich abseits von der ungeheuren Auseinandersetzung vor, die unsere Tage bewegt. Ein neuer Frühling steht vor der Tür.

Jede Geburt geht unter geduldig getragenen Schmerzen vor sich. Aber wie sollten wir nicht von Hoffnung durchdrungen sein, da wir uns von so vielen jungen Christen getragen wissen?

Der in uns wohnende Christus ist unsere Hoffnung. Je tiefer der Mensch sich von dieser Wirklichkeit durchdringen läßt, desto besser kann er Stürmen und Fluten trotzen.

Hier liegt unsere Hoffnung. Sie hilft uns, den

Kopf über Wasser zu halten, und schenkt uns Freude selbst in Augenblicken, in denen uns Zweifel befallen. Sie läßt uns Gott schauen, der unabhängig von unserer Unfähigkeit zu vollem Glauben da ist. GdF

Warten! Warten auf den Tagesanbruch eines Lebens, an dem Gott uns für immer in seinen Schoß aufnimmt. Warten auf den Frühling der Kirche. Warten, allen Widerständen zum Trotz, daß Christus unsere Niederlagen, unsere Bitterkeit in den Geist der Barmherzigkeit verklärt, denn eine Liebe, die nicht verzehrt, ist keine Liebe.

Gott bereitet uns ein neues Pfingsten, das in allen Menschen das Feuer seiner Liebe entzünden wird.

Der Heilige Geist, der ständig wachrüttelt, formt sein Volk. Er macht es bereit, allen Menschen zu begegnen, damit wir gemeinsam dem Ereignis entgegeneilen, das alle menschlichen Vorhersagen durchkreuzt und unserem dürren Gebein neues Leben einhauchen wird.

Entgegeneilen, nicht fliehen! Der Zukunft der Menschheit entgegeneilen, einer Zivilisation der Technik, die voller Möglichkeiten menschlichen Aufstiegs für die Ärmsten ist.

Entgegeneilen, um von innen her neues Leben zu wecken, um zu möglichen und unmöglichen Zeiten zur Einheit zu rufen, zu flehen, zu mahnen und unter den Menschen das untrügliche Zeichen unserer brüderlichen Liebe aufzurichten. EP

QUELLENHINWEISE

Die Abkürzungen am Schluß der einzelnen Texte beziehen sich auf folgende Publikationen von Frère Roger:

BT Brief aus Taizé. Erscheint viermal im Jahr.

DV Dynamik des Vorläufigen. Gütersloher Verlagshaus Gerd Mohn, 3. Aufl., Gütersloh 1967, und Herderbücherei Bd. 274, Freiburg i. Br. 1967.

EP Einmütig im Pluralismus. Eine Aktualisierung der Regel von Taizé. Gütersloher Verlagshaus Gerd Mohn, 3. Aufl., Gütersloh 1968.

F Ein Fest ohne Ende. Gütersloher Verlagshaus Gerd Mohn, 4. Aufl., Gütersloh 1974, und Herderbücherei Bd. 472, 4. Aufl., Freiburg i. Br. 1975.

GdF Die Gewalt der Friedfertigen. Gütersloher Verlagshaus Gerd Mohn, 2. Aufl., Gütersloh 1970, und Herderbücherei Bd. 421, 5. Aufl., Freiburg i. Br. 1975.

HG Im Heute Gottes leben. Herderbücherei Bd. 591, Freiburg i. Br. 1976.

KK Kampf und Kontemplation. Auf der Suche nach Gemeinschaft mit allen. Les Presses de Taizé, 1973, und Herderbücherei Bd. 493, 3. Aufl., Freiburg i. Br. 1975.

RT Die Regel von Taizé. Gütersloher Verlagshaus Gerd Mohn, 6. Aufl., Gütersloh 1974, und Herderbücherei Bd. 365, 8. Aufl., Freiburg i. Br. 1976.

UG Das Unverhoffte gestalten, in: Die Regel von Taizé, Herderbücherei Bd. 365, S. 79–93.

Weitere Werke von Frère Roger im
Verlag Herder Freiburg · Basel · Wien

Die Regel von Taizé

Mit dem Brief „Das Unverhoffte gestalten". Neuausgabe deutsch-französisch
96 Seiten, kart. lam., Herderbücherei Bd. 365

Die Gewalt der Friedfertigen

Auf der Suche nach dem dritten Weg
128 Seiten, kart. lam., Herderbücherei Bd. 421

Ein Fest ohne Ende

Auf dem Weg zum Konzil der Jugend
124 Seiten, kart. lam., Herderbücherei Bd. 472

Kampf und Kontemplation

Auf der Suche nach Gemeinschaft mit allen
128 Seiten, kart. lam., Herderbücherei Bd. 493

Im Heute Gottes leben

Völlig überarbeitete Neuausgabe
128 Seiten, kart. lam., Herderbücherei Bd. 591

Werke von Frère Roger im
Gütersloher Verlagshaus Gerd Mohn

Dynamik des Vorläufigen
Hat die Ökumene erst begonnen?
128 Seiten, Leinen, Bestell-Nr. 4597

Einmütig im Pluralismus
Eine Aktualisierung der Regel von Taizé
(zweisprachig)
119 Seiten, Leinen, Bestell-Nr. 3504

Ein Fest ohne Ende
105 Seiten, kart., Bestell-Nr. 4466

Die Gewalt der Friedfertigen
128 Seiten, Leinen, Bestell-Nr. 3523

Die Regel von Taizé (zweisprachig)
71 Seiten, Leinen, Bestell-Nr. 4553